Recettes de

Fondues

Paulette FISCHER

Photos : S.A.E.P. / C. DUMOULIN / J.L. SYREN

OPEASI
CH - LUCERNE

✗	préparation très simple
✗✗	préparation facile
✗✗✗	préparation élaborée
○	peu coûteuse
○○	raisonnable
○○○	chère

Une fondue, c'est avant tout une manière originale et agréable de se retrouver entre amis autour d'un plat sympathique et convivial. C'est aussi, avec un minimum de préparatifs de dernière minute, le moyen de permettre à une maîtresse de maison de mieux se consacrer à ses invités sans avoir à quitter la table à tout instant et de les étonner agréablement.

Traditionnelles, rustiques et même parfois exotiques, elles ont toutes leur originalité qui réjouira les convives. Elles sont à base de nombreux fromages provenant des régions de France ou des pays étrangers, à base de viande, de poisson, de crustacés, de légumes. Elles peuvent être accompagnées de sauces variées qui permettent aux convives d'associer les goûts qui leur conviennent. Il en existe pour toutes les circonstances et tous les budgets.

Plat unique, la fondue peut être accompagnée d'une salade composée, amusante, colorée, suivant les produits de saison et la fantaisie du moment.

Il peut s'agir également d'une fondue "dessert". Si la plus connue reste celle aux fruits trempés dans du chocolat chaud, auxquels on peut joindre des carrés de brioche ou autres pâtisseries et petits gâteaux, il en existe beaucoup d'autres, que vous découvrirez dans ce livre.

LE MATERIEL

Il existe une multitude de réchauds, de caquelons, de poêlons, de piques.

Les fondues les plus courantes sont traditionnellement associées à certains d'entre eux.

① Caquelon à fondue chinoise

② Poêlon à fondue bourguignonne

③ Caquelon à fondue au fromage

④ Piques

⑤ Paniers

⑥ Réchaud à alcool

②
⑥
③

LES SAUCES

Mayonnaise

6 pers.
Prép. : 10 mn.

1 jaune d'œuf
2 dl d'huile
1 cuil. à café de moutarde
1 cuil. à soupe de vinaigre nature
Sel, poivre.

Mélanger le jaune d'œuf et la moutarde. Laisser reposer 2 minutes. Incorporer peu à peu l'huile en fouettant, puis le vinaigre. Saler et poivrer.

Mayonnaise au soja

6 pers.
Prép. : 10 mn.

1 œuf
15 cl d'huile de sésame, d'olive ou de noix
1 cuil. à soupe de sauce de soja
Sel, poivre
10 g de sucre
1 pincée de coriandre ou de persil plat ciselé.

Fouetter l'œuf en y incorporant l'huile, le sucre, la sauce de soja, le sel, le poivre et le coriandre.

Aïoli

✕ ∞

6 pers.
Prép. : 15 mn.

3 jaunes d'œufs	*1 cuil. à café de moutarde*
2 dl d'huile d'olive	*6 gousses d'ail*
Le jus d'1 citron	*Sel, poivre.*

Piler les gousses d'ail dans un mortier. Ajouter la moutarde, le sel, le poivre, les jaunes d'œufs, et l'huile, peu à peu.

Ajouter de temps en temps, toujours en tournant, quelques gouttes de jus de citron.

Rouille

✕ O

6 pers.
Prép. : 15 mn.

1 gousse d'ail	*50 g de pomme de terre cuite*
1 petit piment frais	*1 jaune d'œuf*
5 grains de gros sel	*20 cl d'huile d'olive.*

Peler l'ail et le piler avec le piment épépiné, le sel et la pomme de terre épluchée. Ajouter le jaune d'œuf et délayer très progressivement avec l'huile, comme pour une mayonnaise.

Sauce aux câpres

✗ ○

6 pers.
Prép. : 10 mn.

---

300 g de fromage blanc
2 œufs durs
1 petite cuil. à café de jus de citron
1 cuil. à soupe de câpres
1 oignon blanc
1 petit bouquet de ciboulette
Sel, poivre.

Réserver un jaune d'œuf. Mixer l'autre œuf avec le blanc, le fromage, le jus de citron, les câpres et l'oignon avec sa tige. Ajouter la ciboulette ciselée. Assaisonner.

Sauce au fromage blanc à l'oignon

✗ ○

6 pers.
Prép. : 5 mn. - Cuiss. : 5 mn.

---

25 cl de fromage blanc
1 sachet de soupe à l'oignon
Tabasco.

Délayer la soupe avec 1 dl d'eau. Porter à ébullition. Laisser refroidir. Mixer avec le fromage blanc et une pointe de tabasco. Servir.

Sauce persillée

✗ ○○

4 pers.
Prép. : 5 mn.

---

100 g de roquefort ou de bleu de Bresse
100 g de fromage blanc
1 cuil. à soupe de cerfeuil, persil et ciboulette hachés
Sel, poivre.

Malaxer le fromage blanc avec le roquefort et les herbes hachées. Vérifier l'assaisonnement.

Sauce à la tomate au poivron

6 pers.
Prép. : 10 mn. - Cuiss. : 5 mn.

15 cl de coulis de tomate	*Tabasco*
1 poivron	*Sauce Worcestershire.*

Griller le poivron au four. Le peler et l'épépiner.

Mixer le coulis de tomate et la chair de poivron. Ajouter quelques gouttes de tabasco et de sauce Worcestershire.

Sauce tomate au piment

6 pers.
Prép. : 5 mn. - Cuiss. : 10 mn.

1 petit piment rouge frais	*1 cuil. à café de gingembre râpé*
2 cuil. à soupe de sucre	*1 cuil. à soupe de vinaigre de vin vieux.*
3 dl de jus de tomate	

Mixer le piment. Le mélanger dans une casserole avec les autres ingrédients.

Faire frémir 10 minutes et servir.

Sauces à fondue bourguignonne

6 pers.
Prép. : 20 mn. - Cuiss. : 2 mn.

1 dl d'huile d'arachide
2 dl d'huile d'olive
4 jaunes d'œufs
2 cuil. à soupe de vinaigre
Le jus d'1/2 citron
1 cuil. de moutarde
1 cuil. à soupe de concentré de tomate
1 filet de tabasco
6 filets d'anchois
1 jaune d'œuf dur
Sel, poivre.

Faire tiédir les huiles mélangées à feu doux, dans une casserole.

Mélanger les jaunes d'œufs dans un récipient, au bain-marie. Verser peu à peu l'huile tiède en fouettant. Ajouter le vinaigre et le jus de citron.

Répartir cette sauce dans trois bols. Dans l'un incorporer la moutarde, dans le second ajouter le concentré, le tabasco, le sel et le poivre et dans le troisième, ajouter les filets d'anchois pilés avec l'œuf dur et du poivre.

Sauce piquante catalane

6 pers.
Prép. : 25 mn. - Cuiss. : 5 mn.

2 tomates
4 gousses d'ail
10 amandes
10 noisettes
2 petits piments secs épépinés
30 cl d'huile d'olive
1,5 cuil. de vinaigre de xérès.

Monder et épépiner les tomates.

Faire griller au four les gousses d'ail non pelées, les amandes, les noisettes et les piments. Piler le tout au mortier avec la pulpe des tomates. Saler.

Ajouter l'huile progressivement en fouettant pour épaissir la sauce. Incorporer le vinaigre. Vérifier l'assaisonnement.

Chutney de poivrons

6 pers.
Prép. : 30 mn. - Cuiss. : 30 mn.

2 poivrons rouges	*5 cl de madère*
1 poivron vert	*200 g de sucre candi*
500 g de tomates	*Sel, poivre*
2 gros oignons	*Paprika.*

Faire griller les poivrons. Retirer les graines et les côtes blanches. Les peler. Les couper en morceaux. Monder les tomates. Les couper et les épépiner. Peler et émincer les oignons.

Faire cuire le tout avec le madère, le sucre et les épices en remuant pendant 30 minutes.

Enfermer les poivrons grillés 5 minutes dans un sachet plastique, ils s'éplucheront plus facilement.

Chutney de pommes

6 pers.
Prép. : 15 mn. - Cuiss. : 30 mn.

1 kg de pommes granny	*500 g de sucre candi*
100 g d'oignons	*25 cl de vinaigre de vin blanc*
1 petit morceau de racine de gingembre	*1 pointe de purée de piment*
150 g de raisins de Corinthe	*Sel.*

Peler et émincer les oignons. Peler et couper les pommes, les épépiner et les couper en lamelles fines.

Mélanger les oignons, les lamelles de pomme, le gingembre râpé, les raisins, le sucre, le piment, le vinaigre et une pincée de sel. Faire cuire à petit feu 30 minutes.

FONDUES FROIDES DE LEGUMES

Bagna Cauda

6 pers.
Prép. : 10 mn. - Cuiss. : 5 mn.

---

6 carottes nouvelles
6 petits oignons blancs
200 g de fèves en grains
1 poivron rouge
1 poivron vert
3 petits artichauts violets
12 petites asperges vertes cuites
12 tomates cerise
1 courgette
1 cœur de céleri.

Sauce :
10 anchois au sel
6 gousses d'ail
2 dl d'huile d'olive
Poivre.

Blanchir les fèves. Les peler. Laver les autres légumes. Couper les carottes en bâtonnets, les artichauts et les oignons en 4. Couper les poivrons en lanières en éliminant les graines. Détailler la courgette et le céleri en bâtonnets.

Disposer joliment tous les légumes dans une grande coupe ou une corbeille.

Ebouillanter les gousses d'ail épluchées. Les égoutter. Les faire cuire 3 minutes dans de l'eau salée. Les piler.

Nettoyer les anchois, les faire dessaler. Les faire fondre à feu doux avec un peu d'huile en les malaxant à la fourchette. Ajouter les gousses d'ail. Bien les piler en incorporant en même temps le reste d'huile.

Poser la sauce sur un réchaud à feu doux pour permettre aux convives de tremper des légumes dans cette sauce chaude.

Dans la région niçoise, la sauce est réalisée avec un mélange à part égale d'anchois et de sardines.

On peut présenter en accompagnement des petits gressins, sortes de petites baguettes de pain italien croustillant.

Fondue de crudités au maroilles

4 pers.
Prép. : 30 mn.

1 petit chou-fleur
2 petits artichauts violets
4 carottes nouvelles
1 cœur de céleri branche
1 cœur de cardon
8 tomates cerise
8 petits champignons de Paris
1 citron.

Sauce au maroilles :
1/4 de maroilles
3 cuil. à soupe d'huile de noix
1 cuil. à soupe de vinaigre de xérès
Quelques brins d'estragon
Sel, poivre.

Accompagnement :
Pain de seigle.

Laver tous les légumes. Détailler les bouquets de chou-fleur. Fendre les artichauts en 2, les carottes en 4. Détailler le céleri et le cardon en bâtonnets de 10 cm de long. Couper les champignons en 4 et les citronner.

Mixer le fromage avec l'huile, le vinaigre, les feuilles d'estragon, le sel et le poivre.

Tremper les légumes dans cette sauce pour les déguster.

Les mêmes crudités peuvent également être servies avec une sauce persillée (p. 8), au fromage blanc (p. 8) ou aux câpres (p. 8).

Fondue de légumes croquants

4 pers.
Prép. : 20 mn.

1 petit chou-fleur
1 botte de carottes nouvelles
1 botte de radis avec leurs fanes
1 céleri branche
1 botte de petits oignons blancs
Quelques brins de ciboulette
2 carrés de fromage frais
4 cuil. à soupe d'huile d'olive
1 cuil. à café de vinaigre de cidre
1/2 cuil. à café de paprika
Poivre.

Laver le chou-fleur et le détailler en petits bouquets. Laver les radis et leurs fanes, couper la racine. Laver les côtes et les feuilles jaunes du céleri, découper en bâtonnets. Peler les carottes et les détailler en bâtonnets. Laver et éplucher les oignons.

Dans un bol, délayer un carré de fromage frais avec 2 cuillerées à soupe d'huile et le vinaigre. Poivrer. Incorporer la ciboulette ciselée.

Dans un autre bol, mélanger l'autre fromage avec 2 cuillerées d'huile, le paprika et du poivre.

Disposer tous les légumes sur un plat en alternant les couleurs. Chaque convive trempe les légumes de son choix dans les sauces.

AU FROMAGE

Fondue savoyarde

✕ ∞

6 pers.

Prép. : 15 mn. - Cuiss. : 5 mn.

---

500 g de beaufort fruité
500 g de gruyère
1 cuil. de fécule
75 cl de vin blanc très sec (Apremont)
Poivre de Cayenne
Muscade
5 cl de kirsch
1 gousse d'ail
2 baguettes de pain.

Frotter un caquelon avec la gousse d'ail écrasée.

Ecroûter et mettre les fromages coupés en lamelles dans le caquelon, mouiller avec le vin, assaisonner.

Faire fondre, à feu doux, en remuant régulièrement, sans arrêt, avec une cuillère en bois. Dès l'ébullition, lier avec la fécule délayée avec le kirsch. Laisser frémir 3 minutes avant de servir.

Si la fondue est trop épaisse, ajouter un peu de vin chauffé.

Fendre la baguette en 4 dans le sens de la longueur et couper en dés.

QUEL ACCOMPAGNEMENT ?

Les fondues au fromage peuvent être servies avec des condiments au vinaigre : cornichons, oignons blancs, pickles, tranches de jambon fumé, bacon, pancetta.

Il est bon de prévoir 150 g à 200 g de pain par personne et de le présenter coupé en cubes de 2 cm de côté.

Fondue bisontine

6 pers.
Prép. : 5 mn. - Cuiss. : 10 mn.

600 g de metton	*1 gousse d'ail*
150 g de beurre	*Sel, poivre*
3 dl de vin blanc sec d'Arbois	*Petits cubes de pain paysan.*

Mettre le vin, le metton, le beurre et l'ail pelé et écrasé dans un caquelon. Faire chauffer doucement en remuant à la cuillère en bois jusqu'à obtention d'une masse crémeuse et homogène. Augmenter la chaleur pour amener à ébullition. Poivrer et saler.

Poser le caquelon sur un réchaud allumé, au centre de la table, en maintenant un léger frémissement. Tremper les cubes de pain.

Il s'agit d'une fondue qui ressemble beaucoup à la cancoillote franc-comtoise. Cette fondue peut être aussi répartie dans des assiettes, sur des pommes de terre en tranches cuites à la vapeur.

Le metton est un fromage de lait de vache, spécialité de Besançon.

CONSEILS

Pour que la fondue reste onctueuse :

- il doit toujours y avoir un convive qui remue la masse de fromage en y plongeant la fourchette.

- si la fondue est trop épaisse, incorporer un peu de vin en remuant lentement à la cuillère en bois. Si elle est trop fluide ou mal liée, ajouter du fromage ou un peu de fécule délayée avec du vin blanc.

- si le vin n'est pas assez sec, ajouter un peu de jus de citron.

- si la fondue ne reste pas onctueuse, augmenter la chaleur.

Fondue franc-comtoise

4 pers.
Prép. : 10 mn. - Cuiss. : 5 mn.

600 g de comté
4 dl de vin blanc du Jura
1 gousse d'ail
1 cuil. à soupe de fécule
5 cl de kirsch
Poivre de Cayenne
Pain de campagne en dés.

Couper le comté en lamelles et le mettre dans le caquelon. Couvrir avec le vin. Ecraser légèrement la gousse d'ail et la mettre dans le caquelon. Chauffer doucement. Dès que le fromage fond, retirer l'ail et poivrer. Augmenter l'intensité du feu et remuer pour rendre la fondue onctueuse. Lier à ébullition avec le kirsch et la fécule.

Après 3 minutes, porter le mélange à table dans un caquelon et le poser sur un réchaud allumé pour maintenir une légère ébullition.

Déguster en trempant les morceaux de pain de campagne.

Servir avec un vin blanc sec d'Arbois.

Fondue normande

✕ ○

4 pers.
Prép. : 10 mn. - Cuiss. : 10 mn.

1 carré de l'Est
1 camembert
30 g de beurre
40 g de farine
1 dl de vin blanc sec
1 dl de lait
2 cuil. à soupe de calvados
1 cuil. à soupe de ciboulette ciselée
Sel, poivre.

Accompagnement :
Dés de pain
4 pommes
1 citron.

Retirer la croûte des fromages et les couper en dés. Peler les pommes, les couper en quartiers, les citronner légèrement.

Faire un roux blond avec le beurre et la farine. Délayer avec le lait.

Hors du feu, incorporer les dés de fromage, le vin et le calvados. Saler et poivrer. Ajouter la ciboulette. Réchauffer et servir dans un caquelon, sur un réchaud allumé.

Tremper les quartiers de pomme et les cubes de pain dans la fondue.

Fondue paysanne

✕ ○○

4 pers.
Prép. : 5 mn. - Cuiss. : 10 mn.

200 g de gruyère râpé
1 dl de vin blanc
3 dl de lait
50 g de beurre
50 g de farine
Poivre blanc.

Accompagnement :
Dés de pain
Lamelles de jambon fumé
Bacon
Petites pommes de terre sautées.

Chauffer le beurre avec la farine. Délayer avec le lait. Lorsque le mélange est lisse, ajouter le gruyère puis, progressivement, le vin blanc. Poivrer.

Poser sur un réchaud allumé. Les convives y trempent les ingrédients de leur choix.

VARIATIONS SUR LE VIN

Pour réaliser une fondue au fromage, il faut utiliser un vin blanc très sec et très fruité. Suivant les régions, on a le choix entre les vins mordants de Savoie, le Muscadet des Coteaux de la Loire, le Gros-Plant, le Sauvignon de Sancerre, le Riesling d'Alsace, le vin blanc d'Arbois.

La fondue peut aussi être réalisée :

- au rosé sec, qui lui donne une couleur inhabituelle et une saveur particulière ;

- au champagne, le prix du champagne étant largement compensé pour certains amateurs, par le surcroît de raffinement qu'il lui apporte ;

- au cidre à la place du vin blanc, avec du calvados à la place du kirsch.

On peut également remplacer le kirsch par du marc, de l'eau-de-vie, du cognac, du gin, de la vodka, du whisky.

Fondue jurassienne

6 pers.
Prép. : 5 mn. - Cuiss. : 5 mn.

400 g de beaufort
400 g de comté
40 cl de bière
2 cuil. à soupe de marc égrappé d'Arbois
1 gousse d'ail
1 cuil. à soupe de fécule
Poivre
Dés de pain de campagne rassis
Petits bouquets de chou-fleur blanchis
Champignons de Paris émincés.

Râper grossièrement les fromages.

Frotter l'intérieur du caquelon avec la gousse d'ail fendue. Verser la bière et porter lentement à ébullition. Baisser le feu et incorporer progressivement les fromages en remuant, jusqu'à ce que la préparation soit lisse.

Délayer la fécule avec le marc et les verser dans la fondue. Poivrer. Porter à table, sur un réchaud allumé. Servir avec les dés de pain, les bouquets de chou-fleur et les champignons en lamelles.

Fondue hollandaise

6 pers.
Prép. : 15 mn. - Cuiss. : 10 mn.

300 g de mimolette
300 g de gouda vieux
300 g d'édam étuvé
6 dl de vin blanc sec
25 g de beurre
3 cl de genièvre
1 gousse d'ail
Poivre
Dés de pain.

Couper les fromages en petits dés ou les râper grossièrement.

Fendre la gousse d'ail et en frotter l'intérieur du caquelon. Y verser le vin et le faire chauffer. Lorsqu'il est chaud, ajouter les fromages et le beurre. Les faire fondre lentement sur feu doux. Remuer en formant des 8 pour que la préparation prenne l'aspect d'une crème lisse. Poivrer et ajouter l'alcool de genièvre.

Disposer les dés de pain dans les assiettes. Poser le caquelon sur un réchaud à fondue devant les convives. Chacun y plongera ses dés de pain en tournant pour bien les enrober.

Fondue fribourgeoise

4 pers.
Prép. : 15 mn. - Cuiss. : 5 mn.

500 g de vacherin fribourgeois
3 dl d'eau
1 gousse d'ail
20 g de beurre
Sel, poivre
Pain en gros dés
5 cl de kirsch ou autre alcool blanc (facultatif).

Frotter l'intérieur du poêlon avec la gousse d'ail pelée coupée en 2 puis l'enduire de beurre.

Mettre le fromage en lamelles et l'eau dans le caquelon. Placer le récipient sur feu très doux. Ecraser le vacherin à la fourchette et remuer jusqu'à obtenir une crème très lisse. Saler légèrement, poivrer abondamment. La fondue ne doit surtout pas bouillir, elle tournerait.

Poser le caquelon au centre de la table sur un réchaud à bougie (uniquement pour tenir au chaud).

Les dés de pain peuvent être passés dans le kirsch avant d'être trempés dans la fondue.

Fondue au parmesan

4 pers.
Prép. : 5 mn. - Cuiss. : 10 mn.

150 g de beurre
200 g de parmesan râpé
8 œufs
Sel, poivre
Dés de pain.

Faire fondre le beurre avec le fromage dans un caquelon, à feu doux. Saler, poivrer.

Dès que le mélange est crémeux, ajouter les œufs battus. Tourner sans cesse jusqu'à ce que le mélange devienne une fondue épaisse, sans laisser bouillir.

Poser le caquelon au centre de la table, sur un réchaud à bougie pour maintenir la chaleur pendant la dégustation. Servir avec les dés de pain.

A CHAQUE REGION SA FONDUE AU FROMAGE

Chaque région utilise le fromage qu'elle produit.

Dans le Cantal, on mélange moitié cantal, moitié gruyère. Au pays de Gex, on mélange 1/3 de bleu de Gex et 2/3 de comté. En Auvergne, la fondue se prépare avec 1/3 de Saint-Nectaire, 1/3 de cantal et 1/3 de fourme d'Ambert. Au pays d'Auge, le camembert s'associe au Pont-l'Evêque et à l'emmenthal pour 1/3. A Fribourg, elle se fait au vacherin ou avec 1/3 de vacherin, 1/3 de gruyère et 1/3 de comté. Aux Pays-Bas, elle se prépare avec de l'édam, du gouda ou de la mimolette ; à Neuchâtel, c'est avec 2/3 de gruyère suisse et 1/3 d'emmenthal suisse.

Fondue piémontaise

4 pers.
Prép. : 20 mn. - Repos : 12 h. - Cuiss. : 30 mn.

800 g de fontina
50 cl de lait
75 g de beurre
6 jaunes d'œufs
2 truffes blanches
Sel, poivre
Pain coupé en gros dés.

Enlever la croûte du fromage et le couper en lamelles. Laisser macérer une nuit dans le lait.

30 minutes avant le repas, faire chauffer au bain-marie le lait et le fromage. Dès que la préparation est lisse, ajouter le beurre en lamelles et les jaunes d'œufs battus. Faire chauffer en remuant et sans jamais laisser bouillir pendant 10 minutes. Assaisonner.

Servir dans des ramequins individuels chauds. Saupoudrer de lamelles de truffes et déguster avec les dés de pain.

Le fontina est un fromage italien du Val d'Aoste, au lait de vache à pâte pressée, cuite, souple sous le doigt et au goût de noisette. Affiné, il peut aussi être râpé, comme le parmesan.

Fondue aux œufs, au paprika

4 pers.
Prép. : 15 mn. - Repos : 2 h. - Cuiss. : 10 mn.

300 g de fromage à raclette
300 g de gruyère
30 cl de lait
25 g de beurre
3 jaunes d'œufs
1 dl de crème
1 cuil. à café de fécule
1 cuil. à soupe rase de paprika
Sel, poivre
Dés de pain de campagne rassis.

Râper grossièrement les fromages. Les couvrir de lait et les laisser reposer 2 heures.

Battre les jaunes d'œufs et la crème.

Dans un caquelon, faire fondre le beurre, le fromage avec le lait, les œufs et la crème, la fécule délayée avec un peu de lait froid. Laisser chauffer sans bouillir, en remuant constamment à la cuillère de bois. Le mélange doit être onctueux. Ajouter le paprika, du sel, du poivre.

Poser le caquelon sur le réchaud allumé, au centre de la table, pour maintenir la température.

Déguster en trempant les cubes de pain dans la fondue.

Fondue strasbourgeoise

6 pers.

Prép. : 15 mn. - Cuiss. : 5 mn.

400 g d'emmenthal
400 g d'appenzell
6 dl de vin blanc sec
3 cl d'eau-de-vie de quetsches
1 gousse d'ail
Poivre
1 cuil. à café de fécule de pomme de terre
Dés de pain
Petites saucisses cocktail de Strasbourg.

Couper les fromages en petits dés ou les râper grossièrement.

Frotter l'intérieur du caquelon avec la gousse d'ail fendue. Y verser le vin et porter lentement à ébullition. Incorporer les fromages et remuer à la cuillère en bois jusqu'à obtenir une crème lisse. Poivrer.

Délayer la fécule avec l'eau-de-vie et l'ajouter au fromage fondu.

Après 2 à 3 minutes, porter le caquelon à table, sur le réchaud allumé. Répartir les saucisses et les dés de pain dans les assiettes.

Chaque convive trempe ses dés de pain et ses saucisses dans la fondue en la remuant pour les enrober.

On peut prévoir une corbeille de dés de pain et des saucisses supplémentaires.

Fondue de gruyère aux tomates

6 pers.
Prép. : 25 mn. - Cuiss. : 10 mn.

1 kg de tomates
1 kg de gruyère
2 gousses d'ail
1 cuil. à soupe de fécule
1 oignon
1 brin de thym
Quelques feuilles de basilic
1 cuil. à soupe de crème
Sel, poivre.

Accompagnement :
Dés de pain
Petits bouquets de chou-fleur
Bâtonnets de carotte, de concombre
Petites pommes de terre nouvelles sautées
Tranches de salami, de bacon
Olives.

Monder les tomates. Les faire cuire avec l'ail et l'oignon épluchés. Saler et poivrer. Ajouter le thym et le basilic. Mixer.

Délayer la fécule avec un peu de jus de tomate.

Dans un caquelon, chauffer le coulis de tomate avec la fécule, la crème et le fromage coupé en lamelles. Faire fondre à feu doux en remuant jusqu'à ce que la liaison soit parfaite.

Poser le caquelon sur un réchaud allumé, au centre de la table, entouré des plats contenant les accompagnements.

CONSEIL

On peut préparer des fondues au vin parfumé en y faisant macérer à l'avance de l'estragon ou en le faisant cuire avec des champignons ou des échalotes émincées.

Fondue au fromage, aux légumes nouveaux

6 pers.
Prép. : 30 mn. - Cuiss. : 12 mn.

400 g de comté
400 g d'emmenthal
5 dl de vin blanc sec
5 cl de marc
1 gousse d'ail
Sel, poivre
Muscade
300 g de lard fumé en dés
1 petit chou-fleur
500 g de petites carottes nouvelles
500 g de pommes de terre rattes
1 botte d'oignons blancs
1 botte de radis.

Détailler le chou-fleur en petits bouquets. Peler les autres légumes et faire cuire le tout, sauf les radis, 7 minutes à la vapeur. Egoutter. Faire rissoler le lard. Mettre ces ingrédients dans des coupes séparées.

Frotter le caquelon avec l'ail écrasé. Y mettre le vin, les fromages en petites lamelles, le sel, le poivre et la muscade. Laisser fondre doucement en remuant. Incorporer le marc.

A ébullition, poser sur un réchaud allumé au centre de la table. Chaque convive y plongera les légumes de son choix.

On peut aussi accompagner cette fondue de cubes de pain.

FONDUES "MARINE"

Fondue au poisson

✕ ○○○

4 pers.

Prép. : 25 mn. - Cuiss. : 30 mn.

---

600 g de cabillaud, lotte ou colin coupé en cubes
8 scampis
4 crevettes "bouquet"
16 moules cuites
6 dl de bouillon de légumes
6 dl de vin blanc sec
3 cl de cognac
1 dl de crème
1 bouquet de persil
1 brin de sauge
1 oignon piqué d'1 clou de girofle
1 feuille de laurier
Sel, poivre.

Accompagnement :
Aïoli (p. 7)
Sauce rouille (p. 7).

Ranger le poisson et les fruits de mer dans un plat et mettre au frais.

Enfermer l'oignon, le laurier, la sauge et le persil dans une mousseline. Les déposer dans le bouillon. Laisser frémir 30 minutes. Sortir la mousseline, ajouter le vin et réchauffer. Verser le bouillon dans le poêlon d'un réchaud à fondue allumé.

Chaque convive pique, avec une fourchette à fondue, le poisson ou les fruits de mer et les fait cuire dans le bouillon avant de déguster.

Dans le reste de bouillon, verser le cognac et la crème. Porter à ébullition et servir chaud dans des petits bols à soupe.

Fondue aux "bouquets"

6 pers.
Prép. : 25 mn. - Marinade. : 1h.

36 crevettes "bouquet" cuites
2 cuil. à soupe d'huile de sésame
2 cuil. à soupe de mirin ou de xérès
1 cuil. à soupe de sauce de soja
Sauce tomate au piment (p. 9).

Pâte :
1 œuf
125 g de farine
50 g de maïzena
1 pincée de sel
1/2 cuil. à café de levure chimique.

Décortiquer les crevettes en leur laissant la queue. Mélanger l'huile, le mirin, la sauce de soja et verser cette sauce sur les crevettes. Laisser mariner 1 heure au réfrigérateur.

Battre l'œuf avec 15 cl d'eau jusqu'à ce qu'il soit mousseux. Incorporer peu à peu la farine, la maïzena, le sel et la levure.

Egoutter les crevettes et les ranger sur un plat. Le placer sur table ainsi que le bol de pâte, celui de sauce tomate au piment et le poêlon d'huile chaude.

Chaque convive trempe ses bouquets dans la pâte puis dans l'huile chaude et les déguste avec de la sauce.

Fondue paimpolaise

4 pers.
Prép. : 20 mn. - Cuiss. : 15 mn.

40 langoustines crues
25 cl de lait
50 g de farine
Sel, poivre
25 g de beurre
1 cuil. d'huile
4 échalotes
2 gousses d'ail
3 cl de cognac
15 cl de vin blanc sec
1 bouquet garni
1 cuil. à soupe de moutarde à l'estragon.

Séparer les queues et les têtes des langoustines. Réserver les têtes. Décortiquer les queues et les couper en tronçons de 2 cm.

Chauffer l'huile et le beurre et y faire revenir les têtes et les pinces. Lorsqu'elles ont rougi, parsemer d'échalotes et d'ail hachés. Flamber au cognac. Mouiller avec le vin et 15 cl d'eau. Ajouter le bouquet garni. Laisser fondre et passer au tamis. Incorporer la moutarde dans la sauce.

Disposer la sauce, les langoustines, le bol de lait assaisonné et la farine près du poêlon contenant l'huile bouillante.

Les convives trempent leur morceau de langoustine dans le lait salé et poivré puis dans la farine avant de les plonger dans l'huile puis dans la sauce pour déguster.

Fondue marine

6 pers.
Prép. : 30 mn. - Cuiss. : 10 mn.

500 g de lotte ou de turbot
250 g de thon frais
6 langoustines
6 crevettes "bouquet"
1 kg de moules
6 noix et coraux de coquilles Saint-Jacques
Le jus d'1 citron
2 cuil. à soupe d'huile
1 dl de fumet de poisson
1 bouquet garni
2 bols de mayonnaise (p. 6)
1 pincée de safran
1 cuil. à café de paprika
2 tomates
Piment de Cayenne
Sel, poivre.

Nettoyer et faire ouvrir les moules. Filtrer leur jus. Le réserver. Eliminer les coquilles. Décortiquer les langoustines en leur laissant l'extrémité de la queue. Laver la lotte et le thon. Les éponger et les couper en gros dés. Disposer le tout sur un plat. Les arroser du jus de citron et de l'huile. Saler et poivrer.

Dans un bol de mayonnaise, incorporer le safran et le paprika, dans l'autre les tomates pelées, épépinées et hachées. Assaisonner au piment de Cayenne.

Délayer le fumet de poisson avec 1 litre d'eau et ajouter le jus des moules. Porter à ébullition et verser dans un poêlon posé sur un réchaud allumé, au centre de la table, avec le plat de poisson, crustacés et coquillages et les bols de sauce.

Chaque convive plonge les ingrédients de son choix dans le bouillon et les assaisonne avec de la sauce.

Fondue antillaise

6 pers.
Prép. : 15 mn.

12 gambas décortiquées
500 g de filets de cabillaud ou de merlan
3 gousses d'ail
1 oignon
1 petit piment
2 grosses pommes de terre cuites en robe de chambre
2 œufs
50 g de farine
Mayonnaise au soja (p. 6).

Piquer les gambas sur des brochettes en bois.

Hacher la chair de poisson avec les pommes de terre pelées, le piment, l'ail et l'oignon émincés. Lier la préparation avec les œufs battus. Former des boulettes de la grosseur d'une noix et les rouler dans la farine.

Les plonger dans l'huile chaude à l'aide de petits paniers à fondue chinoise pour 5 minutes de cuisson. Alterner avec les gambas. Déguster avec la mayonnaise au soja.

Fondue aux boulettes de poisson ✕ ○

4 pers.
Prép. : 30 mn. - Cuiss. : 15 mn.

---

350 g de filet de poisson à chair blanche
2 cuil. à soupe de fécule de pomme de terre
3 œufs
1/2 chou chinois
100 g d'épinards en branche
8 champignons parfumés (shiitake)
15 g de fond de volaille déshydraté
Saké ou xérès
Sel.

Mettre à gonfler les champignons à l'eau froide. Les égoutter et les couper en lanières de 1 cm de large.

Hacher le poisson, ajouter 1/4 de cuillerée à café de sel, 1 cuillerée à soupe de saké ainsi que la fécule. Bien mélanger le tout et en faire des boulettes de 3 cm de diamètre. Faire cuire ces boulettes dans l'eau bouillante quelques minutes.

Battre les œufs, les saler et en faire 8 petites omelettes.

Faire blanchir le chou et le couper en morceaux de 5 cm environ. Faire de même avec les épinards en ajoutant toutefois du sel à l'eau de cuisson.

Délayer le fond de volaille avec 1,5 l d'eau et le mettre dans un caquelon large. Ranger le poisson, les légumes, les omelettes dedans et porter à ébullition. Chaque convive prélève dans le caquelon les ingrédients de son choix.

Fondue de beignets de poisson

6 pers.

Prép. : 20 mn. - Cuiss. : 8 mn. - Repos. : 2 h.

6 tranches de poisson à chair ferme
(lieu, colin, cabillaud, lotte)
1 court-bouillon.

Pâte :
150 g de farine
3 dl d'eau tiède
2 jaunes + 1 blanc d'œuf
1 bol d'aïoli (p. 7).

Faire pocher le poisson dans le court-bouillon 8 minutes. L'égoutter et le laisser refroidir. Le couper en gros dés.

Mettre les jaunes d'œufs dans une terrine. Y verser progressivement l'eau en remuant, puis incorporer la farine en pluie, en fouettant vigoureusement. Saler et poivrer. Laisser reposer 2 heures.

Au moment de l'utilisation, ajouter le blanc d'œuf battu en neige.

Poser la pâte sur la table près du réchaud à fondue, du poisson et de la sauce.

Les convives trempent les dés de poisson dans la pâte puis dans la friture bouillante pour les faire dorer puis les nappent d'aïoli pour les déguster.

Le pochage du poisson et la pâte se fait 2 heures avant le repas.

A LA VIANDE

Fondue bourguignonne

✕ ○○○

6 pers.

Prép. : 45 mn. - Macération. : 12 h.

1,2 kg de viande de bœuf (rumsteck, faux-filet, culotte)
3 dl d'huile de pépins de raisin ou d'arachide
1 dl d'huile d'olive
1 branche de thym
1 feuille de laurier
Sauces (p. 10)
Salades au choix.

La veille, faire macérer le thym et le laurier dans l'huile d'olive.

Au dernier moment, couper la viande en cubes de 2 cm de côté. La disposer sur 2 plats.

Chauffer les huiles dans le poêlon à fondue, à la cuisine, puis le porter sur un réchaud allumé, entouré des sauces, des salades et de la viande.

Les convives doivent disposer d'une assiette, d'une fourchette à fondue pour plonger la viande dans l'huile et d'une fourchette ordinaire pour déguster afin de ne pas se brûler.

POUR UNE BONNE FONDUE BOURGUIGNONNE

L'utilisation d'huile bouillante nécessite quelques précautions :

- Il est très important d'utiliser un poêlon lourd et très stable, en fonte émaillée, sans queue mais plutôt avec une oreillette. L'ouverture doit être plus étroite que la base.

- Le couvert doit comporter une fourchette à long manche ou une pique en bois pour cuire et une fourchette normale pour déguster. Elle évitera les brûlures. Selon la nature des ingrédients, il faudra ajouter des petites passoires individuelles qui permettront de cuire plusieurs ingrédients ensemble.

- Le poêlon ne doit être rempli qu'aux 2/3 pour éviter les débordements et les éclaboussures.

- L'huile de pépins de raisin est la plus appropriée. Elle peut être aromatisée en y faisant macérer la veille 1 feuille de laurier et 2 brins de thym. On peut ajouter 3 cuillerées d'huile d'olive. Elle doit chauffer sur une source de chaleur puissante. Il faut vérifier si elle est à point en y plongeant un morceau de viande avant de la porter sur le réchaud. L'huile doit être renouvelée à chaque fondue.

- La viande doit être très tendre et de première qualité (faux-filet, aiguillette, rumsteck...). Elle ne doit jamais être salée à l'avance pour éviter les projections d'huile provoquées par le jus que le sel en ferait sortir.

Fondue de chevreuil

6 pers.

Marinade : 1 h. - Prép. : 45 mn. - Cuiss. : 2 mn.

1 kg d'épaule ou de selle de chevreuil.

Marinade :
2 cuil. à café de sucre
6 cuil. à soupe de xérès
4 cuil. à soupe de sauce soja
2 gousses d'ail écrasées
1 cuil. à café de gingembre râpé.

Accompagnement:
1 petit chou chinois
1 poivron
200 g de germes de soja frais
2 petits oignons blancs
3 cuil. à soupe d'huile d'arachide
1 cuil. à soupe d'huile de sésame
1 cuil. à soupe de vinaigre de xérès
2 cuil. à soupe de sauce soja
1 bol de mayonnaise (p. 6)
1 oignon rouge.

Mélanger les ingrédients de la marinade et la verser sur la viande coupée en cubes. Laisser au frais 1 heure puis égoutter.

Laver et émincer le chou. Griller, peler, égrener et couper le poivron en lamelles. Blanchir les germes de soja 2 minutes à l'eau bouillante salée. Les égoutter. Hacher les oignons épluchés. Mélanger le tout avec les huiles, le vinaigre, la sauce de soja.

Mixer l'oignon rouge et l'incorporer à la mayonnaise.

Chaque convive plonge des morceaux de viande dans l'huile chaude et les déguste avec de la mayonnaise ou de la salade.

Fondue de poulet aux légumes

4 pers.
Trempage : 10 mn. - Prép. : 30 mn. - Cuiss. : 5 mn.

600 g de blanc de poulet
8 champignons noirs séchés
8 pois mange-tout
3 carottes
250 g de fromage de soja
1 chou chinois
6 oignons nouveaux
1 petit concombre
1 poivron

Bouillon :
1 l de fond de volaille
2 cuil. à soupe de saké ou de xérès
5 cl de sauce de soja

Sauce :
3 cuil. à soupe de saké ou xérès
2 cuil. à soupe de sauce de soja
1 cuil. à soupe de fromage de soja
20 g de sucre
5 cl de bouillon
1 cuil. à soupe d'huile de sésame
4 cuil. à soupe de grains de sésame.

Faire tremper les champignons secs 10 minutes. Les égoutter et les couper en lanières.

Couper le poulet en lanières de 5 cm.

Laver les légumes. Couper le poivron en rondelles en éliminant les pépins et les parties blanches centrales. Fendre le concombre en longueur et le détailler en demi-rondelles. Effiler les pois. Peler les carottes et les couper en fins bâtonnets. Supprimer les feuilles extérieures du chou et le couper en rondelles. Couper les oignons en 4. Couper le fromage de soja en cubes de 2 cm de côté.

Faire griller les graines de sésame à la poêle. Délayer le fromage de soja, dans le bouillon et l'huile. Ajouter le sucre, les graines de sésame, le saké et la sauce de soja. Répartir cette sauce dans 4 petits bols.

Disposer la viande et les légumes harmonieusement sur des plats. Les ranger autour du réchaud, au centre de la table.

Délayer le fond de volaille avec 1 l d'eau. Ajouter le saké et la sauce de soja. Porter à ébullition et verser dans le poêlon placé au centre de la table. Chaque convive trempe poulet et légumes 3 minutes dans le bouillon chaud puis dans son bol pour déguster.

Le fromage de soja se trouve dans les magasins diététiques.

Fondue de canard à la chinoise

5 pers.

Marinade. : 1h. - Prép. : 15 mn. - Cuiss. : 10 mn.

1 kg de magrets de canard
1 cuil. à café de glutamate
1 cuil. à café de 4 épices
2 cuil. à soupe de sauce de soja
1 cuil. à soupe d'huile de sésame.

Sauce à l'orange :
Le jus de 2 oranges
Le jus d'1 citron
75 g de sucre
4 cuil. à soupe de marmelade d'oranges amères.

Couper les magrets en lanières. Mélanger la sauce soja, l'huile, le glutamate et les 4 épices. Y faire macérer les lanières de canard 1 heure.

Chauffer les jus d'orange et de citron avec le sucre et y incorporer la marmelade en remuant pendant 5 minutes. Ranger la viande égouttée sur un plat et le poser près du poêlon à fondue avec la sauce.

Chaque convive trempe les lanières de canard dans l'huile bouillante 2 à 3 minutes et les déguste avec la sauce à l'orange.

Fondue exotique

6 pers.
Marinade. : 3 h. - Prép. : 40 mn. - Cuiss. : 5 mn.

1,2 kg de rumsteck.

Marinade :
1 dl d'huile
1/2 cuil. à café de grains de cumin
1/2 cuil. à café de coriandre
1/2 cuil. à café de paprika
10 grains de poivre
1 pincée de poivre de Cayenne
1 pincée de gros sel
2 gousses d'ail
1 cuil. à soupe de jus de citron
1 dl de cognac

Garniture :
1 ananas
3 bananes
1 citron
2 oranges
2 mangues
2 papayes

Sauces :
Mayonnaise (p. 6)
Sauce tomate (p. 9)
Sauce piquante catalane (p. 10).

Piler le cumin, la coriandre, le paprika, les poivres, le sel et l'ail. Incorporer le jus de citron et l'huile. Couper la viande en dés, l'arroser avec le cognac et la marinade. Laisser mariner 3 heures.

Peler et couper l'ananas en dés, les mangues dénoyautées et les papayes épépinées en lamelles de 2 cm d'épaisseur. Peler les oranges et séparer les quartiers. Peler les bananes, les couper en rondelles et les arroser de jus de citron.

Disposer le tout dans des petits coupes autour du réchaud avec la viande égouttée et les sauces. Chauffer l'huile dans un poêlon et le placer sur le réchaud allumé au centre de la table. Chaque convive pique les dés de viande et les plonge dans l'huile bouillante. Il les déguste avec la sauce de son choix et des morceaux de fruits.

Fondue gitane

6 pers.

Repos : 3 h. - Prép. : 25 mn. - Cuiss. : 15 mn.

300 g de filet de bœuf
300 g de filet de veau
1 rognon de veau
1 ris de veau
300 g de foie de veau
200 g de blanc de poulet
1 sachet de bouillon de volaille
1 cuil. à soupe de xérès
1 cuil. à soupe de sauce de soja
Sauces à fondue bourguignonne *(p. 10).*

Blanchir le ris de veau à l'eau salée 10 minutes. Le rincer à l'eau froide, enlever la peau et le presser entre 2 planchettes pendant 3 heures. Le couper en lamelles.

Dégraisser et fendre le rognon, enlever la partie blanche au centre et le couper en lamelles ainsi que le foie et les autres viandes.

Délayer et chauffer le bouillon de volaille. Y ajouter le xérès et la sauce de soja. Vérifier l'assaisonnement. Le verser dans le poêlon, sur le réchaud.

Chaque convive y plonge la viande de son choix et la déguste avec de la sauce.

On peut accompagner cette fondue de dés d'ananas et de quartiers de tomate.

CONSEILS

On peut accompagner la fondue de petites coupes contenant des olives, des cornichons, des oignons, des cerises au vinaigre, ou même des chips.

On peut servir une salade (mâche, noix, betteraves rouges - laitue, petits cubes de gruyère, cerneaux de noix, grains de raisin - mesclun, quartiers de tomate, olives, anchois).

L'accompagnement peut également être constitué de pommes de terre cuites dans du papier aluminium ou même de riz créole.

Fondue diététique

4 pers.
Prép. : 20 mn. - Cuiss. : 5 mn.

600 g de faux-filet de bœuf
1 l de consommé de bœuf (ou le bouillon d'un pot-au-feu)
2 cuil. à soupe de sauce de soja
Chutney de poivrons (p.11), de pommes (p. 11).
Sel, poivre.

Sauce :
1 mangue
3 petits oignons nouveaux
1 petit piment frais
1 cuil. à soupe d'huile d'olive
1 cuil. à soupe de vin de xérès ou de cognac.

Peler la mangue. Peler et couper les oignons en morceaux. Ouvrir le piment, enlever les graines sous un filet d'eau froide. Mixer ces ingrédients avec l'huile et une pincée de sel.

Couper la viande en petits cubes et la ranger sur 4 assiettes.

Chauffer le consommé avec la sauce de soja et le verser dans le poêlon sur un réchaud allumé, au centre de la table. Assaisonner. Ranger les bols de chutney et de sauce autour. Disposer les assiettes de viande devant les convives.

Quand il n'y a plus de viande, verser le xérès dans le caquelon et servir le bouillon dans des petits bols.

Fondue mongole

6 pers.

Trempage. : 10 mn. - Prép. : 30 mn. - Cuiss. : 5 mn.

1 kg d'épaule d'agneau désossée
500 g de jeunes épinards
1 petit chou chinois
2 fromages de soja
50 g de vermicelles de soja
2,5 l de bouillon de volaille.

Sauce :
Brins de ciboule et de coriandre
2 oignons nouveaux
25 g de gingembre frais
2 cuil. à soupe de sauce de soja
2 cuil. à soupe d'huile de sésame
2 cuil. à soupe de purée de piment.

Equeuter les épinards, les laver avec les feuilles de chou, les couper en lanières et les ranger sur un plat.

Faire tremper les vermicelles 10 minutes dans un peu d'eau chaude. Les égoutter, les couper et les mettre sur un plat.

Couper les fromages de soja en gros cubes. Les ranger sur un plat.

Couper la viande en fines lamelles et la ranger sur un plat.

Emincer finement le gingembre, la ciboule, les oignons et la coriandre. Les mettre sur des soucoupes.

Mélanger l'huile de sésame et la sauce de soja dans un petit bol. Mettre la purée de piment dans un autre.

Chauffer le bouillon et en verser dans le poêlon à fondue, au centre de la table, sur un réchaud allumé. Disposer les plats de viande, de légumes, les ingrédients de la sauce, le soja et le vermicelle autour du réchaud.

Chaque convive préparera sa sauce avec les ingrédients de son choix dans un petit bol. Il piquera une tranche de viande, la fera cuire 30 secondes dans le bouillon bouillant et la trempera dans sa sauce avant de la manger. Les légumes peuvent également être cuits de cette façon.

Quand la viande est épuisée, mettre les légumes restants, le soja, le vermicelle de soja dans le poêlon. Compléter avec du bouillon si nécessaire. Laisser cuire 10 minutes et servir comme une soupe à la fin du repas.

Les fromages et vermicelles de soja se trouvent dans les magasins de diététique.

Fondue asiatique

4 pers.
Prép. : 20 mn. - Cuiss. : 10 mn.

400 g de rumsteck
400 g de blanc de poulet.

Bouillon :
12 cuil. à café de fond de veau déshydraté
1 petit morceau de gingembre
1 dl de mirin ou de xérès
1 cuil. à soupe de sauce de soja
1 petite carotte
1 blanc de poireau
Sel glutamaté.

Sauce :
1 cuil. à soupe de sauce de soja
3 cuil. à soupe de mirin ou de xérès
1 cuil. à café d'huile de sésame
3 cuil. à soupe de grains de sésame
Sel glutamaté
1 cuil. à café de sucre
1 courgette
250 g de germes de soja
1 poivron rouge
1 cœur de laitue
Quelques tomates cerise.

Couper la viande en très fines lamelles. La ranger joliment sur 2 plats. Réserver au frais.

Ebouillanter les germes de soja 1 minute et les rincer à l'eau froide. Passer le poivron sous le gril. Le mettre 5 minutes dans un sac en plastique pour en retirer la peau plus facilement. Le couper en lamelles en éliminant les pépins. Emincer les feuilles de laitue lavée. Peler partiellement la courgette puis la couper en gros dés. La faire blanchir 5 minutes dans de l'eau salée au glutamate. L'égoutter. Ranger tous ces légumes avec les petites tomates sur un grand plat.

Faire griller les graines de sésame à sec dans une poêle.

Délayer le fond de veau avec 1 litre d'eau. Ajouter le mirin, la sauce de soja, une pincée de glutamate, la carotte, le gingembre et le poireau émincés. Faire cuire 10 minutes.

Mélanger les ingrédients de la sauce avec 5 cl de bouillon préparé. Ajouter les graines de sésame grillées. Répartir dans 4 coupelles et les disposer devant les convives.

Verser le bouillon bouillant dans un poêlon. Le poser entre les 2 plats de viande sur un réchaud, au centre de la table, en maintenant le liquide frémissant.

Chaque convive embrochera de la viande et des légumes, les plongera 2 minutes dans le bouillon puis dans la sauce pour déguster.

Il serait souhaitable que chaque convive dispose de 2 fourchettes à fondue.

Sukiyaki

6 pers.

Trempage. : 20 mn. - Prép. : 30 mn. - Cuiss. : 10 mn.

1 kg de bœuf
2 cuil. à soupe d'huile
2 cuil. à soupe de saké ou de cognac
1 bocal de tofu (fromage de soja)
6 œufs
6 petits bols de riz cuit chaud
1 boîte de pousses de bambou
2 fenouils
150 g de germes de soja
18 petites feuilles d'épinard sans tige
2 oignons nouveaux
2 carottes
6 champignons secs "shiitake"
6 petits champignons de Paris
12 haricots verts effilés
6 petits bouquets de chou-fleur
1 poignée de vermicelles de riz

Sauce :
20 cl de bouillon de volaille
20 cl de sauce de soja
20 cl de mirin ou de xérès
2 cuil. à soupe de sucre
Sel, poivre.

Placer la viande au congélateur pour pouvoir la couper très facilement en très fines tranches. L'arroser de saké ou de cognac.

Laver tous les légumes. Les égoutter.

Mettre à tremper 20 minutes à l'eau tiède les champignons secs.

Découper les pousses de bambou en tranches minces. Couper les carottes pelées en lanières avec l'éplucheur à légumes. Couper les oignons en 4. Emincer finement le fenouil. Couper le tofu en cubes. Garder les champignons de Paris entiers, gratter les pieds.

Casser les œufs dans 6 petits bols et les battre.

Faire caraméliser le sucre, ajouter la sauce de soja, le mirin puis le bouillon. Assaisonner.

Répartir de façon décorative tous les ingrédients sur 2 plats.

Chauffer l'huile dans une braisière large, sur un réchaud à fondue. Ajouter la viande. Remuer 2 minutes puis la serrer sur le côté, la mouiller de sauce. Faire cuire la moitié des autres ingrédients avec un peu de sauce en remuant pendant 5 minutes. Servir avec la viande. Mettre l'autre moitié des ingrédients et le reste de sauce.

Chaque convive doit disposer d'un bol de riz et d'un bol contenant 1 œuf. Il plonge la viande et les légumes bien chauds dans l'œuf et les déguste avec le riz.

La viande et les légumes chauds cuisent l'œuf.

Le sukiyaki peut être accompagné agréablement d'une mayonnaise à l'huile de sésame (p. 6).

魂の一滴
純米酒
春鹿の手造り
超

FONDUES "DESSERT"

Fondue au chocolat

6 pers.
Prép. : 20 mn. - Cuiss. : 10 mn.

4 dl de crème
500 g de chocolat noir
2 cuil. à soupe de cognac

Fruits au choix : bananes, poires, ananas, orange, citron
Tuiles ou petits sablés.

Faire chauffer la crème dans le caquelon. Ajouter le chocolat cassé en morceaux et faire fondre en remuant 10 minutes. Ajouter le cognac.

Couper les fruits en tronçons ou en quartiers. Citronner la poire et la banane. Piquer les fruits sur des brochettes en bois.

Pour déguster, tremper les fruits dans le chocolat chaud et accompagner de petits gâteaux.

Fondue aux marshmallows

6 pers.
Prép. : 15 mn. - Cuiss. : 5 mn.

300 g de chocolat au miel et noisettes
30 cl de crème liquide
1 paquet de marshmallows (cubes de guimauve)
3 pommes
3 poires
Le jus d'1 citron.
3 kiwis
Grains de raisin blanc
Cubes de quatre-quarts, génoise ou brioche.

Laver et éplucher les fruits. Couper les pommes et les poires en lamelles épaisses et les citronner. Couper les marshmallows en 2 et les kiwis en 4. Disposer tous les fruits dans des petites coupes ainsi que les cubes de pâtisserie.

Dans un caquelon, chauffer la crème. Incorporer le chocolat en morceaux. Dès que la fondue est homogène, poser le caquelon sur un réchaud. Chaque convive y trempe les ingrédients de son choix.

Fondue estivale

6 pers.
Prép. : 25 mn. - Cuiss. : 10 mn.

200 g de chocolat au lait
200 g de chocolat noir
25 cl de crème épaisse
500 g de fraises
500 g de cerises
500 g d'abricots
1 paquet de marshmallows
500 g de gâteaux secs.

Disposer sur la table les fruits nettoyés, les biscuits et les marshmallows dans des coupelles.

Dans un caquelon, faire fondre les chocolats cassés en morceaux avec la crème, sur feu doux, en remuant jusqu'à ce que le mélange soit lisse. Poser le caquelon sur le réchaud allumé.

Chaque convive pique, à son choix, des fruits ou des marshmallows, les trempe dans le chocolat et les déguste avec les biscuits.

On peut parfumer le chocolat avec des amandes, des noisettes ou des noix pilées.

Fondue d'ananas

6 pers.
Prép. : 15 mn. - Cuiss. : 10 mn.

1 ananas
250 g de chocolat à croquer
2 cuil. de crème fraîche
150 g de sucre glace
Tuiles.

Peler l'ananas en retirant soigneusement les "yeux" enfoncés dans la chair. Le couper en 4, retirer la partie fibreuse au centre. Le détailler en cubes.

Casser le chocolat en morceaux et le faire fondre doucement dans le caquelon à fondue avec la crème et 5 cuillerées à soupe d'eau. Ajouter le sucre en remuant doucement avec une cuillère en bois jusqu'à obtenir une crème lisse.

Poser le caquelon sur un réchaud à fondue, au centre de la table.

Chacun plongera des cubes d'ananas dans le chocolat et les dégustera avec des tuiles.

Fondue aux fruits

6 pers.
Prép. : 30 mn. - Cuiss. : 10 mn.

4 pêches
4 abricots
2 oranges
2 poires
2 bananes
Le jus d'1 citron
400 g de chocolat
75 g de beurre
Langues de chat.

Peler les pêches et les oranges. Couper les pêches et les abricots en quartiers. Couper les bananes en rondelles, les poires en quartiers et les arroser de jus de citron. Séparer les quartiers des oranges.

Faire fondre le beurre et le chocolat avec 1/2 litre d'eau dans un caquelon à fondue. Remuer. Poser au centre de la table, sur un réchaud.

Chaque convive pique des morceaux de fruits avec une fourchette à fondue et les plonge dans le chocolat chaud pour les déguster, avec les gâteaux.

Fondue de fruits, sauce chocolat

6 pers.
Prép. : 30 mn. - Cuiss. : 10 mn.

1 ananas
2 mangues
2 poires
2 bananes
6 petits abricots
12 fraises
Le jus d'1 citron.

Sauce :
50 cl de lait
25 cl de crème
500 g de chocolat noir "dessert"
125 g de sucre semoule
50 g de beurre.

Eplucher, préparer et couper les fruits. Citronner les poires et les bananes. Les piquer sur des brochettes en bois et les mettre au réfrigérateur jusqu'au repas.

Dans un caquelon, chauffer le lait, la crème et le sucre. A ébullition, ajouter le chocolat cassé en morceaux. Remuer jusqu'à la reprise de l'ébullition. Hors du feu, incorporer le beurre par petites quantités.

Poser le caquelon sur un réchaud allumé. Chaque convive trempe ses brochettes dans le chocolat.

Fondue au coulis de fruits rouges

6 pers.
Prép. : 15 mn. - Cuiss. : 10 mn.

300 g de fraises
300 g de cerises
300 g de framboises
3 dl de vin de Bordeaux
1 dl de liqueur de framboise
100 g de sucre
1 kg de gros bigarreaux dénoyautés
1 brioche légèrement rassise
1 cuil. à café de maïzena.

Couper la brioche en cubes.

Dénoyauter les cerises et les mixer avec les fraises et les framboises. Passer au tamis. Chauffer la pulpe de fruits avec 1 dl d'eau et le sucre. Laisser frémir 5 minutes. Ajouter le vin, la liqueur et la maïzena délayée pour lier. Réchauffer 2 minutes et verser dans le caquelon. Le poser au centre de la table sur un réchaud allumé.

Chaque convive trempera des cubes de brioche et des bigarreaux.

Fondue de fruits au coulis d'abricot

6 pers.
Marinade : 1 h. - Prép. : 20 mn. - Cuiss. : 15 mn.

1 kg de fruits variés de saison
500 g d'abricots dénoyautés
300 g de sucre
500 g de brioche
1 cuil. à soupe de fécule
1 dl de pineau des Charentes.

Peler et couper les fruits de saison en gros dés. Les mettre à macérer 1 heure dans le pineau des Charentes.

Faire cuire les abricots avec le sucre et les mixer. Délayer la fécule avec le même volume d'eau et l'ajouter à la pulpe d'abricot. Mélanger. Verser dans un caquelon à fondue. Porter à ébullition en remuant.

Hors du feu, ajouter la liqueur des fruits égouttés.

Poser le caquelon sur un réchaud à alcool allumé au centre de la table.

Chacun pique sur sa fourchette à fondue un cube de brioche et un dé de fruits et les trempe dans le coulis d'abricot chaud.

Fondue au coulis de fraise

6 pers.

Prép. : 10 mn. - Cuiss. : 5 mn.

1 kg de fraises
50 cl de Monbazillac
1 dl de liqueur de fraise
400 g de sucre
Au choix : quatre-quarts, génoise rassise, petits choux ou pets-de-nonne.

Laver les fraises, les égoutter soigneusement, les équeuter et les mixer. Ajouter le vin et le sucre. Chauffer en remuant et faire réduire 5 minutes. Passer au tamis. Ajouter la liqueur.

Couper le quatre-quarts ou la génoise en gros cubes. Ranger les pâtisseries dans de petites corbeilles. Les poser au centre de la table autour d'un réchaud. Y poser le caquelon contenant le coulis.

Chaque convive plongera les gâteaux de son choix dans le coulis.

Fondue de crème frite

6 pers.
Prép. : 40 mn. - Repos : 1 h. - Cuiss. : 20 mn.

Sauce au chocolat (p. 52)
Coulis d'abricot chaud (p. 58)

Crème :
1/2 l de lait
1 gousse de vanille
5 jaunes d'œufs
130 g de sucre
80 g de farine
15 g de beurre.

Pâte :
250 g de farine
15 cl de lait
50 g de beurre
2 blancs d'œufs
1 pincée de sel
1 cuil. d'eau de fleur d'oranger.

Chauffer le lait à feu doux avec la gousse de vanille fendue. Battre les jaunes d'œufs avec le sucre jusqu'à ce que le mélange blanchisse. Incorporer la farine. Délayer avec le lait. Faire chauffer en remuant, jusqu'à épaississement. Laisser tiédir puis étaler à 1,5 cm d'épaisseur sur une plaque rectangulaire beurrée. Lisser la surface et laisser complètement refroidir. Détailler en carrés de 3 cm de côté et les ranger sur un plat.

Délayer la farine et le sel avec le lait et 15 cl d'eau. Incorporer le beurre fondu tiède. Laisser en attente 1 heure. Au dernier moment, incorporer délicatement les blancs battus en neige et l'eau de fleur d'oranger.

Disposer les carrés de crème et la coupelle de pâte sur la table près du poêlon d'huile bouillante.

Chaque convive doit plonger ses carrés de crème dans la pâte puis dans l'huile et les déguster nappés de coulis de chocolat ou d'abricot chaud.

Fondue de fruits au caramel

6 pers.
Prép. : 10 mn. - Cuiss. : 8 mn.

Caramel :
300 g de sucre
1 dl de crème
100 g de beurre
2 cuil. à soupe de rhum ambré.

Accompagnement :
Quartiers d'oranges
Morceaux de pommes, de bananes et de poires citronnés
Grains de raisin
Pruneaux dénoyautés
Abricots secs mouillés au kirsch
Cerises.

Répartir les fruits dans 6 coupelles.

Faire fondre le sucre avec 15 cl d'eau. Dès que le caramel commence à prendre couleur, ajouter avec précaution le rhum et la crème, puis le beurre en morceaux.

Le verser dans un poêlon à fondue posé au centre de la table, sur un réchaud allumé. La température doit rester douce.

Chaque convive trempe ses fruits dans le caramel avant de les déguster.

TABLE DES RECETTES

Pages

Les sauces
Aïoli 7
Chutney de poivrons 11
Chutney de pommes 11
Mayonnaise 6
Mayonnaise au soja 6
Rouille 7
Sauce à la tomate au poivron 9
Sauce au fromage blanc à l'oignon 8
Sauce aux câpres 8
Sauce persillée 8
Sauce piquante catalane 10
Sauce tomate au piment 9
Sauces à fondue bourguignonne 10

Fondues froides de légumes
Bagna Cauda 12
Fondue de crudités au maroilles 14
Fondue de légumes croquants 15

Au fromage
Fondue au fromage, aux légumes nouveaux 29
Fondue au parmesan 24
Fondue aux œufs, au paprika 26
Fondue bisontine 18
Fondue de gruyère aux tomates 28
Fondue franc-comtoise 19
Fondue fribourgeoise 23
Fondue hollandaise 22
Fondue jurassienne 22
Fondue normande 20
Fondue paysanne 20
Fondue piémontaise 25
Fondue savoyarde 16
Fondue strasbourgeoise 27

Fondues "marine"
Fondue antillaise 35
Fondue au poisson 30
Fondue aux "bouquets" 32
Fondue aux boulettes de poisson 36
Fondue de beignets de poisson 37
Fondue marine 34
Fondue paimpolaise 33

A la viande
Fondue asiatique 48
Fondue bourguignonne 38
Fondue de canard à la chinoise 43
Fondue de chevreuil 41
Fondue de poulet aux légumes 42
Fondue diététique 46
Fondue exotique 44
Fondue gitane 45
Fondue mongole 47
Sukiyaki 50

Fondues "dessert"
Fondue au chocolat 52
Fondue au coulis de fraise 59
Fondue au coulis de fruits rouges 58
Fondue aux fruits 56
Fondue aux marshmallows 54
Fondue d'ananas 56
Fondue de crème frite 60
Fondue de fruits au caramel 61
Fondue de fruits au coulis d'abricot 58
Fondue de fruits, sauce chocolat 57
Fondue estivale 54

Dépôt légal 1er trim. 1993 n° 2 032

Imprimé en C.E.E.

Recettes de Cuisine asiatique

Myriam SAKAMOTO-RECOUVREUR

OPEASI
CH - LUCERNE

préparation très simple
préparation facile
préparation élaborée

peu coûteuse
raisonnable
chère

Beaucoup d'entre vous ont, j'en suis sûre, dégusté au moins une fois de la cuisine chinoise ou vietnamienne, mais avez-vous déjà pensé réaliser vous-même un repas ? Cela peut sembler difficile, mais ce n'est pas le cas. J'ai choisi des recettes simples et accessibles à tout le monde, qui vous permettront de régaler votre famille et vos amis.

Bien que la cuisine de ces pays soit très différente, les produits de base sont souvent les mêmes. Une chose qui choquera peut-être au départ la cuisinière française, c'est que mis à part le Vietnam, une quantité non négligeable de sucre est ajoutée aux plats salés. Il adoucit et donne un goût inexplicable et très raffiné aux aliments.

Les recettes de ce livre sont toutes conçues pour quatre personnes. Les proportions peuvent surprendre et paraître même ridicules. En effet il n'y a pas de "plat principal" mais un assortiment de petits plats, tous cuisinés différemment et en quantité modérée, accompagnés dans presque tous les cas d'un bol de riz cuit à l'eau et non assaisonné. Ce riz qui est l'une des plus anciennes céréales connues dans le monde représente la base de la nourriture en Asie. Chaque pays a d'ailleurs son riz et sa façon de le cuire. Au Vietnam on le consomme plutôt sec avec les grains bien détachés alors qu'en Chine, en Corée et au Japon, il est plus apprécié bien cuit et légèrement collant. Toutefois de temps à autre, un repas peut être remplacé par un plat unique constitué de pâtes, légumes, viande servis ensemble.

En ce qui concerne le service, il n'y a pas d'ordre à respecter. Tout est placé dès le départ sur la table et à part quelques mets qu'il est préférable de consommer chauds, comme les soupes par exemple, les autres peuvent très bien se déguster tièdes.

Un dernier point. Les Asiatiques ne terminent généralement pas le repas par un dessert, les gâteaux sont le plus souvent consommés au cours de la journée accompagnés d'une tasse de thé mais ceci est bien entendu à la convenance de chaque personne.

La cuisine chinoise

La cuisine est considérée en Chine comme un art. Elle se doit d'être savoureuse et diversifiée : un plat croquant, un autre de consistance plutôt onctueuse, un très relevé puis un à tendance douceâtre, etc.

L'ustensile de cuisine indispensable en Chine est le "wok", grande poêle à fond bombé qui sert soit à faire revenir, soit à la cuisson à la vapeur. On le trouve dans les magasins spécialisés.

On distingue quatre grandes régions culinaires.

Pékin au nord est réputée mondialement pour son canard laqué. On y consomme aussi de l'agneau. Les plats sont généralement relevés avec de l'ail et de l'échalote. Shangaï, en raison de sa situation géographique en bordure de mer, est une région où la consommation de poisson est importante. Dans le sud, région de Canton, la cuisine à la vapeur y tient une large place. Dans le centre, où l'on cultive le poivre Sseu-tch'ouan, il est très employé avec l'adjonction également de piment rouge, d'ail et de gingembre. Les champignons noirs y sont aussi très appréciés.

La cuisine coréenne

C'est une cuisine assez épicée qui enchantera les amateurs de piment et d'ail, ce qui ne veut pas dire que tous les plats soient très relevés, il en existe aussi de très doux. Les Coréens utilisent beaucoup pour parfumer leurs plats, le sésame, l'huile de sésame ainsi que les oignons verts et le gingembre considéré comme un bienfaiteur de l'organisme..

Le "Kim Chee" (condiment qui peut être très pimenté) est présent à tous les repas. Ma recette de Kim Chee est préparée avec du chou chinois, c'est le plus courant mais il peut très bien être réalisé avec du radis blanc, du concombre ou d'autres légumes également. Chaque maîtresse de maison a sa façon de le préparer.

En Corée, l'utilisation des baguettes n'est pas exclusive, on se sert également d'une cuillère.

La cuisine japonaise

Elle n'est pas seulement un régal du point de vue gustatif, elle relève aussi de l'art. Elle est basée sur la couleur et la fraîcheur des aliments, respectant leur goût au plus haut point. Chaque saison représente un légume, un fruit, un poisson et chaque produit représente une saison comme les pousses de bambou au printemps, les mousserons en automne, etc.

Le Japon entouré par les mers regorge d'innombrables variétés de poissons, coquillages, algues, que les Japonais ont su avec bonheur utiliser dans leur art culinaire. Ils dégustent le poisson sous toutes ses formes, aussi bien cru, séché, cuit en sauce ou tout simplement grillé. Il est la base des soupes, "Katsuo bushi" ou bonite séchée, ainsi que les "kombu", algue séchée également. C'est une nourriture saine, légère qui, si elle surprend au début, sait se faire apprécier lors de sa consommation.

La cuisine vietnamienne

La cuisine vietnamienne très digeste et toute en subtilité, conserve en général aux aliments leur saveur quasi naturelle.

Elle est la plupart du temps à base de cette fameuse sauce de poisson "le nuoc mam" qui se trouve couramment . Quelques nuances apparaissent toutefois suivant les régions, par exemple dans le nord on y consomme beaucoup de crustacés alors que dans la sud la cuisine y est plus épicée et comporte une grande quantité de légumes et de fruits.

C'est une cuisine légère et très équilibrée, qui est à soumettre aux personnes sujettes à l'embonpoint.

GLOSSAIRE

Daikon : Radis blanc. Peut être remplacé par le radis noir.

Kamaboko : Sorte de quenelle de poisson de forme hémicylindrique et que l'on trouve toute prête dans les magasins japonais.

Kampio : Lanières de courge séchée. On peut se les procurer dans les magasins spécialisés en ingrédients japonais.

Katsuo bushi : Bonite séchée utilisée pour parfumer les soupes de base. Se vend râpé en sachet.

Koya tofu : Pâté de soja congelé avant d'être déshydraté. Se vend en paquet de 5 ou de 10 dans les magasins chinois, japonais ou de produits diététiques.

La-yu : Liquide orangé à base de piment, utilisé en cuisine chinoise pour relever les plats.

Mirin : Vin de riz sucré peu alcoolisé, employé cuit pour adoucir les mets en cuisine japonaise. Il peut être remplacé par du Xérès.

Miso : Pâte de soja fermentée. On trouve surtout le Shiro miso (miso blanc) légèrement sucré utilisé pour certaines salades, soupes, etc. ainsi que le Aka miso (miso rouge) utilisé pour certains légumes et viandes sautés ainsi que dans les soupes.

Saké : Alcool de riz. Se boit froid ou tiède en accompagnement d'un repas japonais. Il est aussi très utilisé en cuisine pour parfumer les plats et attendrir certaines viandes et certains légumes.

Sauce de soja : Ingrédient primordial pour parfumer les plats. Se vend dans les magasins spécialisés ou grandes surfaces en petites ou grandes bouteilles.

Sésame blanc et noir : Il est nécessaire de le faire légèrement griller dans une poêle non huilée pour en dégager le goût avant de s'en servir pour parfumer les plats. Attention il brûle très facilement.

Shitake : Champignon parfumé en vente dans les grandes surfaces.

Tofu : Pâté de soja. On le trouve facilement dans les magasins spécialisés ainsi que dans certaines boutiques diététiques.

Wasabi : Sorte de raifort de couleur verte. On le trouve en tube prêt à l'emploi ou en poudre que l'on additionne d'un peu d'eau de façon à obtenir une sorte de pâte.

Soupe aux palourdes

4 pers.
Prép. : 15 mn. - Cuiss. : 15 mn.

16 palourdes de taille moyenne
Sel
1/4 de carotte
1 morceau de gingembre
1/2 concombre
4 champignons parfumées frais (shitakés)
8 dl. de bouillon.

Laver les palourdes et les laisser tremper un moment dans de l'eau salée pour leur faire rejeter le sable.

Eplucher le morceau de carotte, lui donner la forme d'un losange et l'émincer ainsi que le gingembre, les champignons et le concombre.

Porter à ébullition le bouillon. Ajouter les palourdes et dès qu'elles s'ouvrent écumer la mousse qui remonte à la surface, ajouter 1/2 cuillerée à café de sel, le saké, les légumes et continuer la cuisson 1 minute.

A défaut de shitakés frais, utiliser des séchés ramollis à l'eau froide.

Soupe de poisson à chair blanche

4 pers.
Prép. : 15 mn. - Cuiss. : 15 mn.

300 g. de poisson à chair blanche
Sel, poivre
1 cuillerée à café de saké
Fécule de pomme de terre
1/2 branche de céleri

Soupe :
8 dl. de bouillon
Sel, poivre
1 cuillerée à soupe de saké
1 filet d'huile de sésame.

Couper les darnes de poisson en morceaux de la taille d'une bouchée. Les mettre dans un saladier avec le sel, le poivre et le saké. Laisser macérer 10 minutes.

Faire chauffer de l'eau dans une casserole et y plonger un par un les morceaux de poisson passés dans la fécule. Remuer une fois et les retirer aussitôt.

Couper le céleri en bâtons de 4 cm environ et le recouper finement dans le sens de la longueur.

Porter le bouillon à ébullition , ajouter le poisson, 1/2 cuillerée à café de sel, le saké et le céleri. Poivrer et faire couler un filet d'huile de sésame.

Soupe aux boulettes de viande

4 pers.
Prép. : 20 mn. - Cuiss. : 1 h. 10 mn.

350 g. de viande de porc hachée
1/2 chou chinois
2 cuillerées à soupe d'huile
1/4 de cuillerée à café de sel
1 cuillerée à soupe de saké
1 cuillerée à soupe de fécule de pomme de terre
1 cuillerée à soupe de sauce de soja
Huile de friture.

Soupe :
8 dl. de bouillon
1 cuillerée à soupe de saké
1 cuillerée à café de sucre
1 cuillerée à soupe de sauce de soja.

Laver les feuilles du chou et les couper en morceaux de 6 cm environ.

Faire chauffer 2 cuillerées à soupe d'huile dans une poêle et y faire revenir les morceaux de chou pendant 2 minutes.

Mélanger la viande hachée, le sel, le saké, la sauce de soja, la fécule et 5 cl. d'eau et en faire des boulettes de 2 cm environ de grosseur.

Faire frire les boulettes dans l'huile chauffée à 170° environ, puis les faire égoutter sur du papier absorbant.

Mélanger tous les ingrédients de la soupe dans une grande casserole. Ajouter le chou et les boulettes. Faire chauffer sur feu vif, dès l'ébullition réduire le feu et laisser mijoter 1 heure.

Canard laqué

4 pers.
Prép. : 1 h. - Séchage : 1 nuit - Cuiss. : 1 h 45 mn.

1 canard de 2 kg. prêt à cuire
3 cuillerées à soupe de miel
2 cuillerées à soupe de vinaigre
2 cuillerées à soupe d'alcool chinois (Mei Kuei Lu)
1 oignon nouveau avec tige
1 petit piment rouge
1 dl. de sauce de soja
Brins de coriandre
1 carotte.

Plonger le canard dans de l'eau bouillante. Après 5 minutes d'ébullition l'égoutter et le rincer abondamment à l'eau froide. L'éponger.

Mélanger le miel, le vinaigre, l'alcool, la sauce de soja, 2 dl. d'eau chaude. Badigeonner au pinceau la peau du canard avec ce mélange. Maintenir les ailes écartées et suspendre le canard par le cou dans un endroit aéré, une nuit.

Préchauffer le four à 200°, mettre le canard dans la lèchefrite sur une grille et l'y faire cuire 30 minutes, abaisser le th. à 190° et prolonger la cuisson 1 heure en retournant souvent et en arrosant avec le jus de cuisson.

Laver les oignons, les couper en tronçons de 10 cm, les glisser dans un petit anneau de piment, les fendre aux deux extrémités et les mettre dans l'eau froide jusqu'à ce qu'ils frisent.

Couper le canard en tranches de 1 cm; le reconstituer sur un plat, décorer avec branches de coriandre, carotte, oignon.

Boulettes de porc à l'aigre-doux

4 pers.
Prép. : 20 mn. - Cuiss. : 35 mn.

Boulettes :
250 g. de viande de porc hachée
2 cuillerées à soupe de blanc de poireau finement haché
2 jaunes d'œufs
1/2 cuillerée à café de sel, poivre
1 grosse cuillerée à soupe d'huile de sésame
1 cuillerée à soupe bombée de fécule de pomme de terre + 1 cuillerée pour les rouler.

Sauce :
1 dl. de vinaigre de riz ou de cidre
100 g. de sucre
1 cuillerée à café de sel
1 cuillerée à soupe de sauce de soja
1 cuillerée à soupe de saké
4 cuillerées à soupe d'eau
1 cuillerée à café bombée de fécule
1/2 poivron vert
1 petit oignon
1 cuillerée d'huile.

Mélanger les ingrédients des boulettes, les former et les passer dans de la fécule. Faire frire les boulettes à la grande friture et les égoutter.

Couper le poivron égrainé et l'oignon en petits morceaux et les faire légèrement revenir avec un peu d'huile. Ajouter tous les ingrédients de la sauce. Bien mélanger. Porter à ébullition. Lier la sauce avec la fécule délayée à l'eau.

Poser les boulettes sur un plat de service et napper avec la sauce.

Pain chinois à la viande

8 pers.
Prép. : 2 h. - Cuiss. : 15 mn.

Pâte :
400 g. de farine à pain
1/4 lit. d'eau
10 g. de levure de boulanger sèche
50 g. de sucre
Garniture :
300 g. de chou chinois
200 g. de porc (dans le jambon) coupé fin au couteau
50 g. de blanc de poireau
20 g. de gingembre frais
10 g. d'ail
50 g. d'oignon
Sel, poivre
50 g. d'huile de sésame
25 g. de sucre
40 g. de sauce de soja.

Mélanger la levure sèche et la farine, ajouter 40 cl. d'eau tiédie, le sucre, le reste d'eau. Pétrir 10 minutes jusqu'à ce que la pâte soit homogène et molle (comme le lobe d'une oreille). Elle ne doit plus coller à la main. Laisser reposer, enveloppée d'une mousseline humide, le temps de préparation de la garniture.

Ebouillanter le chou coupé en quartiers, l'égoutter, le couper finement au couteau, l'essorer.

Emincer finement le poireau, l'ail, l'oignon, le gingembre. Mélanger tous les ingrédients de la garniture.

Prendre un morceau de pâte de 75 g., l'étaler avec la paume de la main en disque de 1 cm d'épaisseur. Mettre 50 g. de garniture au centre, ramener le tour de la pâte vers le centre en petit baluchon. Le poser sur un carré de papier sulfurisé. Les mettre cuire 15 minutes à la vapeur. Servir chaud.

Chaussons à la viande

6 pers.
Prép. de la pâte : 10 mn. Prép. de la farce : 20 mn. Cuiss. : 8-10 mn.

Pour la pâte :
500 g. de farine
Bouillon
Fécule de pomme de terre.
Garniture :
500 g. de viande de porc hachée
1/2 chou chinois
1/2 poireau
2 cuillerées 1/2 à soupe de sel
5 cuillerées à soupe de sauce de soja
2 cuillerées 1/2 à soupe de saké
2 cuillerées 1/2 à soupe de saindoux fondu
2 cuillerées 1/2 à soupe d'huile de sésame
1 cuillerée 1/2 à soupe de jus de gingembre.
Sauce :
3 cuillerées à soupe de sauce de soja
1 cuillerée à soupe de vinaigre de riz ou de cidre.

Mettre la farine dans un grand récipient. Ajouter le bouillon tiède en mélangeant avec les mains jusqu'à former une pâte de la consistance du lobe d'une oreille. Faire une boule avec cette pâte et la recouvrir d'une fine couche de fécule de pomme de terre. L'enrouler dans un linge humide pendant 30 à 40 minutes.

Détacher et laver les feuilles de chou, les faire blanchir 2 minutes et les égoutter. Les couper en très fines lanières et les presser dans la paume des mains ou dans un linge pour en faire sortir le maximum d'eau.

Hacher le poireau.

Mettre tous les ingrédients de la garniture dans un grand récipient et bien mélanger.

Faire des boulettes avec la pâte, à peine plus grosses qu'une noisette, les étaler, garnir d'une cuillerée à café de farce, rabattre la pâte et souder les bords en mouillant d'un peu d'eau avec l'index pour bien coller les bords.

Plonger ces petits chaussons dans une grande casserole d'eau bouillante et laisser cuire jusqu'à ce qu'ils remontent à la surface ou les faire cuire à la vapeur une dizaine de minutes.

Tremper les chaussons dans la sauce pour les manger.

Friture de tofu

4 pers.
Prép. : 10 mn. - Cuiss. : 10 mn.

2 pâtés de soja (tofu)
Fécule de pomme de terre
5 cm de poireau
15 g. de gingembre
1 gousse d'ail
Huile de friture

Sauce :
1 cuillerée à soupe de vinaigre de riz ou de cidre
4 cuillerées à soupe de sauce de soja
3 cuillerées à soupe de sucre
2 cuillerées à soupe d'huile de sésame.

Couper chaque tofu en 8 et tremper les morceaux dans la fécule sur toutes les faces avant de les faire frire dans l'huile chauffée à 180° environ. Eponger l'huile avec du papier absorbant et disposer les morceaux de tofu dans quatre coupelles.

Eplucher le gingembre et l'ail et les râper, puis les mettre dans une petite casserole avec tous les ingrédients de la sauce. Porter à ébullition.

Arroser les morceaux de tofu avec la sauce et décorer avec le poireau émincé.

Tofu sauce piquante

4 pers.
Prép. : 15 mn. - Cuiss. : 15 mn.

2 pâtés de soja
100 g. de viande de porc hachée
20 g. de gingembre
1 gousse d'ail
10 cm de poireau
1 cuillerée à café de purée de piment
3 cuillerées à soupe d'huile
1 dl. de bouillon
1 cuillerée à café de fécule de pomme de terre
Sauce :
1 cuillerée à soupe de miso rouge
1 cuillerée à soupe de saké
3 cuillerées à soupe de sauce de soja
1 cuillerée à café de sucre.

Couper chaque tofu en 10 morceaux et les mettre à tremper dans un saladier rempli d'eau bouillante pour qu'ils durcissent.

Mélanger tous les ingrédients de la sauce avec le bouillon.

Faire chauffer l'huile dans une poêle et quand elle est bien chaude y faire revenir la viande jusqu'à ce qu'elle se détache et qu'elle change complètement de couleur, ajouter le gingembre, l'ail, la purée de piment et continuer à faire revenir encore un peu. Ajouter ensuite la sauce et continuer la cuisson jusqu'à ébullition puis déposer délicatement les morceaux de tofu égouttés et le poireau. Remuer. En dernier lieu, incorporer la fécule délayée dans un peu d'eau.

Servir dans un plat creux ou dans un grand bol.

Pâtes chinoises aux légumes

4 pers.
Prép. : 40 mn. - Cuiss. : 20 mn.

400 g. de pâtes chinoises
80 g. de germes de soja
80 g. de carotte
80 g. de pousses de bambou
80 g. de feuilles de chou
80 g. de champignons parfumés
80 g. d'oignon
80 g. de concombre
80 g. de poivron rouge
80 g. de céleri
1 cuillerée à soupe d'huile
1 morceau de poireau

Sauce :
1/2 cuillerée à soupe de sauce de soja
1 cuillerée à soupe de saké
1/4 de cuillerée à café de sel
3 cuillerées à soupe de bouillon
Poivre
5 g. de fécule de pomme de terre

Soupe :
6 cuillerées à soupe de sauce de soja
Sel, poivre
1 cuillerée à soupe de poireau émincé
1,2 lit. de soupe pour pâtes.

Faire gonfler les champignons dans l'eau froide.

Couper tous les légumes en fines lanières et émincer le morceau de poireau.

Faire frire à la grande friture tous les légumes sauf le poireau 1 minute. Eponger. Faire cuire les pâtes à l'eau et les égoutter.

Faire chauffer 1 cuillerée à soupe d'huile et y faire revenir le poireau, ajouter les légumes frits, les ingrédients de la sauce et en tournant, la fécule mélangée à 1 cuillerée à soupe d'eau. Dès que la sauce épaissit, arrêter la cuisson.

Porter tous les ingrédients de la soupe avec les pâtes à ébullition, et arrêter la cuisson. Répartir le tout dans quatre grands bols et décorer avec les légumes.

Soupe de base pour pâtes

4 pers.
Prép. : 10 mn. - Cuiss. : 3 h. 15 mn.

2 carcasses de poulet
1 os de porc
1 poireau
20 g. de gingembre
1 dl. de saké.

Faire bouillir les os 2 minutes dans de l'eau, les rafraîchir et les nettoyer.

Mettre les os dans 3 lit. d'eau, le gingembre écrasé, le poireau émincé. Porter à ébullition et écumer. Ajouter le saké et laisser frémir 3 heures sans couvercle. Passer la soupe. Il doit en rester 1,6 lit.

Petits pains à la pâte de haricots ✕ ○

18 pains
Prép. : 1 h. - Cuiss. : 7mn.

Pâte à pain :
150 g. de farine
40 g. de maïzena
70 cl. de lait
1 blanc d'œuf
110 g. de sucre
25 g. de saindoux
10 g. de levure chimique
1 cuillerée à café de vinaigre
250 g. de pâte de haricots rouges *(p. 61)*
20 g. de sésame pilé.

Mélanger les ingrédients de la pâte sauf le vinaigre et les incorporer à la farine et à la maïzena tamisées ensemble. Poser la pâte sur une planche farinée et la travailler pour former une boule. La rouler dans du papier et la mettre 20 minutes au réfrigérateur.

Incorporer le vinaigre à la pâte en la travaillant, puis la sudiviser en 18 boules. Refariner la planche, étaler les boules sur 5 cm de diamètre et mettre au centre de chacune une boulette de pâte de haricots et sésame pilé mélangés. Fermer la pâte en pinçant et tournant avec les doigts et déposer chaque pain, fermeture en bas, sur un petit carré de papier sulfurisé côté brillant.

Faire chauffer de l'eau sous l'appareil à vapeur et dès qu'elle bout, y mettre à cuire les pains 7 minutes environ. Ces pains se mangent tièdes.

Beignets au sésame ✕ ○

20 gâteaux
Prép. : 10 mn. - Cuiss. : 25 mn.

Pâte :
80 g. de sucre
1 œuf
1 cuillerée à soupe de saindoux
200 g. de farine
1 cuillerée à café de levure chimique
1 blanc d'œuf
Sésame blanc.

Battre le sucre, l'œuf, le saindoux et 2 cuillerées à soupe d'eau jusqu'à ce que le mélange devienne blanchâtre et mousseux. Ajouter la farine avec la levure.

Former 30 boulettes de pâte, les tremper dans du blanc d'œuf, dans le sésame et les faire frire dans de l'huile à 150°. Dès que la pâte se fissure, augmenter la température de l'huile. Les beignets sont cuits dès qu'ils remontent.

Soupe au cabillaud

4 pers.
Prép. : 15 mn. - Cuiss. : 20 mn.

400 g. de cabillaud en tranches
4 palourdes
1 pâté de soja (tofu)
1 poireau
1 cuillerée à café d'ail haché
60 g. d'épinards
2 cubes de bouillon
Sel, poivre
1 pincée de poudre de piment rouge
1 cuillerée à café de sauce de soja
Quelques filaments de piment rouge séché.

Couper les tranches de cabillaud en morceaux de 3 à 4 cm de grosseur.

Bien laver les palourdes. Couper le tofu en 12. Couper le poireau en biais en rondelles de 2 cm. Laver les épinards.

Mettre 1,2 lit. d'eau dans une casserole ainsi que les cubes de bouillon et l'ail. Lorsque la soupe bout, ajouter les morceaux de cabillaud, les palourdes, le tofu et porter à ébullition. Ecumer la mousse qui monte en surface et, dès que les palourdes s'ouvrent, ajouter les rondelles de poireau, la sauce de soja, le piment en poudre, les épinards, saler, poivrer et arrêter la cuisson au bout de 3 minutes.

Servir dans 4 bols et décorer avec quelques filaments de piment rouge séché.

Soupe de riz

4 pers.
Prép. : 5 mn. - Cuiss. : 30 mn.

200 g. de viande de bœuf
1 cuillerée à café d'ail haché
3 champignons parfumés
50 g. de carotte
1 poireau
4 œufs
600 g. de riz cuit à l'eau
3 cuillerées à soupe de sauce de soja
Poivre
1 cuillerée à soupe d'huile de sésame
Sel.

Dans 2 lit. d'eau, mettre la viande de bœuf, à la reprise de l'ébullition réduire le feu. Ecumer de temps en temps et continuer la cuisson jusqu'à ce que la viande soit bien cuite et qu'elle soit tendre. Garder le bouillon de cuisson. Sortir la viande et couper en lamelles d'1/2 cm d'épaisseur environ. Faire macérer dans la sauce de soja, le poivre, l'huile de sésame et l'ail.

Faire ramollir les champignons à l'eau froide, puis les émincer.

Mettre la viande, les champignons, la carotte et le poireau émincés dans le bouillon de viande et porter le tout à ébullition. Saler.

Battre les œufs et les ajouter à la soupe en tournant. Arrêter la cuisson.

Mettre le riz dans quatre grands bols et arroser avec la soupe.

Barbecue coréen

XXX OOO

6 pers.
Prép. : 45 mn. - Cuiss. : 10 mn.

500 g. de viande coupée en fines tranches dans l'entrecôte
2 cuillerées à soupe d'huile de sésame.

Marinade froide :
5 cuillerées à soupe de sauce de soja
2 cuillerées à soupe de saké
1 cuillerée à soupe de mirin
2 cuillerées à soupe de sucre
Poivre
4 cuillerées à soupe de poireau émincé
1 cuillerée à soupe d'ail haché
2 cuillerées à soupe de sésame pilé
1 cuillerée à soupe de jus de gingembre

500 g. de foie de veau.

Marinade chaude :
40 g. de miso blanc
20 g. de miso rouge
45 g. de sucre
1 cuillerée à soupe de sauce de soja
1/2 cuillerée à café de poivre de Cayenne
1 goutte de jus de gingembre
1 cuillerée à soupe de saké
4 cuillerées à soupe de poireau émincé
1 cuillerée à soupe d'ail haché
Un peu d'huile de sésame.

250 g. de langue de bœuf en tranches d'environ 3 à 4 mm d'épaisseur
Sel, poivre
1 citron.

Sauce :
2 dl. de sauce de soja
50 g. de sucre
50 cl. de mirin
1/2 citron coupé en fines rondelles
1/2 pomme non épluchée
50 cl. de saké.

Mettre dans les ingrédients de la marinade froide les tranches d'entrecôte en les pressant. Ajouter l'huile de sésame sans remuer. Laisser la viande macérer jusqu'au repas (plus le temps est long, plus la viande s'imprègne de la saveur de la sauce).

Mettre chauffer tous les ingrédients de la marinade chaude sur feu moyen en tournant, dès qu'elle est mélangée, retirer du feu. Mélanger cette sauce avec le foie en lamelles avant le repas (il ne doit pas macérer trop longtemps).

Porter les ingrédients de la sauce à ébullition. Arrêter la cuisson et incorporer le saké, les rondelles de citron et la pomme émincée. Laisser refroidir 1 heure.

Saler et poivrer la langue juste avant de la faire griller.

Mettre les viandes dans des plats différents. Les invités les font griller eux-mêmes au fur et à mesure qu'ils les mangent.

Mettre une petite coupelle de sauce à chacun pour y tremper la viande grillée, sauf la langue qui doit être juste arrosée de jus de citron avant de la manger.

Brochettes de bœuf au poireau

4 pers.
Prép. : 30 mn. - Cuiss. : 15 mn.

300 g. de viande de bœuf non grasse
100 g. de poireau
Un peu de piment rouge séché
Marinade :
1 cuillerée à café de sucre
1 cuillerée à café de sauce de soja
1 cuillerée à café d'huile de sésame
Sauce :
2 cuillerées à soupe de sauce de soja
1 cuillerée à soupe de sucre
2 cuillerées à soupe de poireau haché
1 cuillerée à café d'ail haché
1 cuillerée à café de sésame blanc
1/2 cuillerée à café de jus de gingembre
1 cuillerée 1/2 à soupe d'huile de sésame
Poivre.

Couper des tranches de bœuf de 7 à 8 mm d'épaisseur.. Les étaler sur une planche à découper et les taper avec un rouleau pour les attendrir. Les couper ensuite en bâtons de la largeur et de la longueur du petit doigt, puis les mettre dans la marinade.

Couper le poireau comme la viande. Préparer la sauce.

Faire des brochettes en intercalant viande et poireau et les faire tremper dans la sauce. Les faire griller à l'huile en les trempant de temps à autre dans la sauce. Parsemer ces brochettes de filaments de piment.

Riz au bœuf et aux germes de soja

4 pers.
Prép. : 10 mn. - Cuiss. : 25 mn.

5 dl. de riz
300 g. de germes de soja
100 g. de bœuf en fines tranches
2 cuillerées à soupe d'huile de sésame
Sel, poivre
Un peu d'ail râpé
Sauce de soja
1 cuillerée à soupe de saké.

Emincer la viande et la mettre mariner avec un peu d'ail râpé et un filet de sauce de soja. Saler, poivrer.

Faire revenir le riz lavé dans l'huile de sésame 2 minutes.

Mettre le riz, les germes de soja lavés, la viande, 1 cuillerée 1/2 à soupe de sauce de soja, le saké et 5,75 dl. d'eau. Couvrir. Faire cuire 10 minutes sur feu vif, réduire et continuer la cuisson jusqu'à réduction du liquide. Arrêter la cuisson et laisser gonfler le riz 10 minutes avec le couvercle.

Vermicelle chinois sauté

4 pers.
Prép. : 30 mn. - Cuiss. : 15 mn.

---

20 g. de vermicelle chinois
100 g. de viande de bœuf en fines tranches
100 g. d'épinards en branche
50 g. de carotte
1 oignon
2 œufs
1 cuillerée à soupe d'ail haché
Sel, poivre
5 cuillerées à soupe d'huile
1 cuillerée à café de sésame blanc
2 cuillerées 1/2 à soupe de sucre
Huile de sésame
2 cuillerées 1/2 à soupe de sauce de soja.

Mettre à tremper le vermicelle dans de l'eau chaude et le retirer avant qu'il soit complètement mou. Le couper tous les 5 cm environ et le mettre dans une passoire.

Couper la viande dans le sens des fibres en fines lanières et la faire macérer dans 1/2 cuillerée à café de sucre, 1 cuillerée à café de sauce de soja, 1/3 d'une cuillerée à café d'ail haché et un filet d'huile de sésame.

Faire blanchir les épinards (il faut qu'ils soient cuits mais un peu croquants), puis les couper tous les 6 cm et les saler. Couper les carottes en fines lanières de 6 cm de long et émincer l'oignon.

Battre les œufs en omelette et les faire cuire en fines crêpes, puis les émincer.

Faire chauffer 2 cuillerées 1/2 à soupe d'huile dans une poêle et y faire revenir la viande jusqu'à ce qu'elle change de couleur, puis ajouter le vermicelle, 1 cuillerée à soupe de sucre, 2 cuillerées à soupe de sauce de soja, 2/3 de cuillerée à soupe d'ail haché, poivrer et en dernier lieu incorporer un filet d'huile de sésame. Mettre le tout dans un récipient au chaud.

Chauffer la poêle avec 2 cuillerées 1/2 à soupe d'huile et y faire revenir la carotte et l'oignon. Saler et ajouter à la viande et le vermicelle, avec les épinards, le sésame. Remuer et verser dans un plat.

Décorer avec les lamelles d'omelette.

Rondelles d'oignons farcies

4 pers.
Prép. : 30 mn. - Cuiss. : 15 mn.

4 très gros oignons
150 g. de viande de bœuf hachée
1 poireau
1 cuillerée 1/2 à café d'ail haché
2 œufs
Farine
2 cuillerées à café de sauce de soja
Sel, poivre
Huile de sésame
3 cuillerées à soupe d'huile.

Mélanger la viande, le poireau émincé, l'ail, la sauce de soja, poivrer et ajouter en dernier lieu un filet d'huile de sésame. Bien mélanger.

Couper les oignons en rondelles de 1/2 cm d'épaisseur, puis enlever le centre (environ 3 cm de diamètre) pour le remplacer par de la farce. Saler, poivrer.

Remplir les rondelles d'oignon avec la farce, les fariner et les tremper dans les œufs battus. Frire à l'huile jusqu'à ce qu'elles soient dorées et la farce cuite. Se mange nature ou peut être trempé dans une sauce composée de 1/3 de vinaigre et 2/3 de sauce de soja.

Aubergines farcies

4 pers.
Prép. : 20 mn. - Cuiss. : 15 mn.

2 aubergines
Sel.
Farce :
100 g. de viande de bœuf hachée
1/2 poireau émincé
1 cuillerée à café d'ail haché
1 cuillerée à café de sésame pilé
1 cuillerée à soupe de sucre
Poivre
1 cuillerée 1/2 à soupe de sauce de soja
Un peu d'huile de sésame.
Soupe :
2 dl. de bouillon
1 piment rouge
1 cuillerée 1/2 à soupe de sauce de soja
Poivre.

Laver et couper les aubergines en deux dans le sens de la longueur. Les inciser du côté peau tous les 2 cm assez profondément sans les couper complètement et les faire tremper à l'eau salée pendant la préparation de la farce, les éponger et garnir les fentes avec les ingrédients de la farce mélangés.

Mettre les aubergines farcies à plat dans une casserole. Ajouter le bouillon, le piment rouge vidé de ses pépins et coupé en fines rondelles, le soja et poivrer le tout. Porter à ébullition et laisser cuire 10 minutes sur feu doux. Servir chaud.

Condiment à la coréenne Kim Chee

✕ ○

4 pers.

Prép. : 2 h. Macération : 1 nuit + 1 semaine.

1 gros chou chinois d'environ 4 kg.
300 g. + 4 cuillerées à soupe de sel
1 petit radis blanc
50 g. d'oignons nouveaux
30 g. de gingembre râpé
50 g. d'ail râpé
3 cuillerées à soupe de piment rouge en poudre
200 g. d'huîtres fraîches sans coquilles
2 cuillerées à soupe de sucre
2 dl. de la sauce restante.

Laver le chou. Prélever deux grandes feuilles, puis le couper en 4 sans lui enlever le cœur. Ouvrir les feuilles sans les détacher et y mettre le sel, sauf les 4 cuillerées à soupe. Mettre les quartiers de chou dans un grand récipient, recouvrir avec les 2 feuilles, puis avec un couvercle de diamètre plus petit que le récipient de façon à appuyer sur le chou. Laisser macérer toute une nuit.

Mettre quelques gouttes d'eau chaude dans le piment pour en faire une pâte. Laver les huîtres dans de l'eau salée. Couper le radis en lanières de 5 cm de long environ. Faire de même avec les oignons nouveaux.

Mettre le radis blanc dans un saladier et le mélanger avec la pâte de piment, ajouter les oignons nouveaux, les huîtres égouttées, le gingembre, l'ail, 3 cuillerées à soupe de sel, le sucre et mélanger le tout.

Bien rincer le chou et l'essorer un peu dans la paume des mains. Mettre entre chaque feuille la préparation ci-dessus et mettre dans une grande jarre. Recouvrir avec les deux grandes feuilles.

Faire chauffer 2 dl. d'eau légèrement salée, verser dans le récipient où se trouvaient tous les ingrédients mélangés au piment et verser le tout sur le chou. Mettre un petit poids dessus, fermer hermétiquement et laisser 1 semaine macérer au réfrigérateur.

Pour le consommer, le couper en morceaux de la taille d'une bouchée et les présenter dans une petite coupe.

Soupe de miso à la viande

4 pers.
Prép. : 15 mn. - Cuiss. : 15 mn.

3 feuilles de chou
50 g. de carotte
50 g. de viande de porc hachée
1 petit poireau fin
8 dl. de dashi (p. 61)
1 cuillerée à soupe d'huile
3 cuillerées à soupe de miso (pâte de soja fermenté).

Eplucher la carotte. Couper en fines lanières le chou et la carotte, ainsi que le poireau en morceaux de 2 cm.

Faire revenir à l'huile la viande hachée. Dès qu'elle change de couleur, ajouter les légumes et faire revenir le tout quelques minutes.

Ajouter le dashi et continuer la cuisson jusqu'à ce que les légumes soient cuits. Incorporer le miso en le passant à travers un tamis. Servir.

On peut préparer cette soupe à l'avance et la faire réchauffer au dernier moment sans la faire bouillir.

Pudding aux œufs à la vapeur

4 pers.
Prép. : 25 mn. - Cuiss. : 17 mn.

2 œufs battus
2 dl. de dashi (p. 61)
Sel
1 cuillerée à café de sauce de soja
1 cuillerée à café de sucre
40 g. de blanc de poulet cru
2 cuillerées à café de saké
8 petites crevettes
4 shitakés ou mousserons
4 cm de kamaboko (facultatif)
Mitsuba ou autre plante aromatique.

Faire fondre le sucre dans le dashi, ajouter la sauce de soja et faire refroidir.

Incorporer les œufs battus à la soupe froide en battant doucement pour éviter de faire de la mousse.

Couper le poulet en 8 petits morceaux et le faire macérer dans 1/2 cuillerée à café de sauce de soja et 1 cuillerée à café de saké.

Faire macérer les crevettes dans du sel et 1 cuillerée à café de saké.

Emincer les champignons et couper le kamaboko en 4 rondelles.

Prendre 4 petits bols ne craignant pas le chaud et y répartir le poulet, les crevettes, les champignons, puis la soupe aux œufs.

Mettre les puddings à cuire à la vapeur (il faut que la vapeur sorte dès le début) sur feu moyen pendant 2 minutes, puis sur feu doux 10 à 15 minutes.

Germes de soja aux œufs

4 pers.
Prép. : 5 mn. - Cuiss. : 5 mn.

200 g. de germes de soja frais
2 œufs
20 g. de gingembre
1 cuillerée à soupe d'huile de sésame
1/2 cuillerée à café de sel.

Bien laver les germes de soja et les laisser égoutter.

Battre les œufs en omelette.

Eplucher le gingembre et le couper finement.

Faire chauffer l'huile de sésame dans une poêle et lorsqu'elle est bien chaude y faire revenir les germes de soja et le gingembre. Saler, incorporer les œufs sans cesser de mélanger. Continuer à faire sauter 2 à 3 minutes sur feu vif.

Fondue japonaise
Tempura

XX ∞

4 pers.
Prép. : 30 mn. - Cuiss. : 10 mn.

8 gambas
1 petite carotte
1 aubergine
5 noris (algues)
1 oignon
4 tranches de potiron à peau verte de 1/2 cm d'épaisseur
4 feuilles de Perilla de Nankin (facultatif)
4 rondelles d'1/2 cm de patate douce coupée en biais.

Pâte à friture :
200 g. de farine
1 jaune d'œuf
Eau.
Sauce :
15 cl. de dashi (p. 61)
3 cuillerées à soupe de sauce de soja
3 cuillerées à soupe de mirin
1 morceau de radis
20 g. de gingembre
Huile de friture.

Mettre dans une casserole le dashi, la sauce de soja, le mirin et porter le tout à ébullition. Laisser refroidir.

Décortiquer les crevettes crues en laissant les queues. Couper l'aubergine en 8 rondelles et l'oignon en 4 rondelles. Laver les feuilles de Perilla de Nankin.

Faire la pâte à frire. Battre le jaune d'œuf et 1 dl. d'eau froide, ajouter la farine. Mélanger sans brusquer et en laissant beaucoup de grumeaux.

Râper le morceau de radis, le disposer en tas sur 4 coupelles. Faire de même avec le gingembre et le mettre sur le radis.

Remplir 4 petits bols à moitié avec la soupe.

Faire chauffer l'huile à 180°. Tremper chaque ingrédient dans la pâte et ensuite dans la friture.

Disposer sur 4 assiettes et servir aussitôt.

Chacun met sa part de radis et gingembre dans son bol de soupe et trempe sa friture dedans. Se mange chaud.

Bien éponger les ingrédients avant de les plonger dans la pâte. Pour les poissons, crevettes, etc., les fariner légèrement avant de les tremper dans la pâte.

Veiller à ce que l'huile reste à peu près à la même température. En l'absence de thermomètre, faire tomber quelques gouttes de pâte à frire dans l'huile, elle ne doit pas descendre au fond de la poêle avant de remonter à la surface.

Ne pas faire frire trop de choses en même temps car la température de l'huile baisserait et la friture ne serait plus croustillante : une belle tempura doit être blonde.

On peut agrémenter la tempura de seiche, de sardines étêtées après avoir enlevé l'arête centrale, de légumes, etc.

Rouleaux de riz à l'anguille

4 pers.
Prép. : 1 h. - Cuiss. : 1 h.

5 riz à sushi (p. 60)
3 grandes feuilles de nori (algue sèche)
Sésame noir
Sel
Sauce de soja
Huile
Un peu de wasabi
8 œufs
2 dl. = 2 cuillerées à soupe de dashi
350 g. de sucre
1/4 de cuillerée à café de sel
2 cuillerées à soupe + 3 cuillerées à café de saké
6 cuillerées 1/2 à soupe de sauce de soja
2 cuillerées 1/2 à soupe de mirin
1 anguille
2 dl. de bouillon fait avec tête et arête de l'anguille
20 g. de kampio
150 g. de chair à poisson blanche
100 g. d'épinards.

Dans une petite poêle huilée, faire cuire avec 2 œufs une omelette d'environ 1 cm d'épaisseur et la couper en bandes d'1 cm de large.

Faire blanchir 3 minutes les épinards, puis les presser.

Ouvrir l'anguille sur toute la longueur, puis lui enlever la tête et l'arête centrale.

Mettre 3 dl. d'eau dans une casserole avec la tête et l'arête de l'anguille ; faire cuire jusqu'à ce qu'il ne reste que 2 dl. de bouillon. Incorporer au bouillon 2 cuillerées à soupe de sucre, 2 cuillerées à soupe de sauce de soja et 1 cuillerée à soupe de saké, et y pocher l'anguille une dizaine de minutes.

Faire tremper le kampio 5 minutes et le frotter dans les mains avec du sel avant de le laver ; le faire cuire avec 2 dl. de dashi, 5 cuillerées à soupe de sucre, 4 cuillerées à soupe de sauce de soja, 1 cuillerée 1/2 à soupe de mirin jusqu'à ce qu'il soit complètement mou.

Battre 6 œufs avec 150 g. de chair à poisson blanche moulinée, 150 g. de sucre, 1 cuillerée à soupe de mirin, 1 cuillerée 1/2 à soupe de saké, 1/2 cuillerée à soupe de sauce de soja. Huiler une poêle et y faire cuire l'omelette.

Disposer une feuille de nori sur une natte de bambou, étaler une couche de riz, poudrer d'un peu de wasabi, puis parsemer de sésame noir, et disposer au centre une lanière d'omelette, une lanière d'anguille, quelques lanières de kampio, rouler la natte en bambou de façon à obtenir un gros rouleau, puis le couper en tronçons de 2 cm environ.

Disposer l'omelette au poisson sur la natte de bambou, puis une grande feuille de nori, étaler une couche de riz et procéder de la même manière que le précédent sushi en évitant que la bande d'omelette n'arrive au centre.

箱根関所

Bœuf aux légumes

4 pers.
Prép. : 15 mn. - Cuiss. : 40 mn.

300 g. de viande de bœuf coupée en fines tranches
500 g. de pommes de terre
2 gros oignons
1/2 carotte
1 cuillerée à soupe de saké
2 cuillerées à soupe d'huile.

Soupe de cuisson :
1 dl. de saké
1 cuillerée à soupe de sucre
3 cuillerées à soupe de sauce de soja.

Eplucher les légumes. Couper les pommes de terre en morceaux, les oignons en deux puis chaque moitié en six demi-rondelles de 2 cm d'épaisseur.

Arroser la viande d'une cuillerée à soupe de saké.

Faire revenir ensemble à l'huile chaude les pommes de terre et les rondelles de carotte 5 minutes, puis couvrir les légumes d'eau. Laisser cuire jusqu'à ce que les pommes de terre soient presque cuites. Ajouter la viande, les oignons, le saké, le sucre et la sauce de soja. Continuer la cuisson jusqu'à ce que les pommes de terre et carottes soient complètement cuites.

Porc à l'ananas

4 pers.
Prép. : 15 mn. - Cuiss. : 5 mn.

300 g. de viande de porc en fines lanières
4 rondelles d'ananas en boîte
4 feuilles fraîches de basilic.

Sauce :
3 ume boshi (prunes salées)
4 cuillerées à soupe de sauce de soja
2 cuillerées à café de sucre.

Plonger les tranches de viande à l'eau bouillante (il faut qu'elle soit cuite sans être dure), et les mettre dans un saladier rempli d'eau et de glaçons.

Couper les rondelles d'ananas en deux dans l'épaisseur, puis en quatre.

Emincer les feuilles. Dénoyauter les ume-boshi, puis les écraser dans un petit bol avec la sauce de soja et le sucre.

Egoutter la viande et la couper en morceaux de 3 cm.

Mettre dans un plat la viande avec 2 cuillerées à soupe de sauce. Bien mélanger. Décorer avec les tranches d'ananas, placer au centre un petit tas de basilic.

Le restant de la sauce sera présenté en saucière.

Tofu grillé aux mousserons

4 pers.
Prép. : 10 mn. - Cuiss. : 10 mn.

2 pâtés de soja
200 g. de mousserons
1 citron
Un peu de farine
1 cuillerée à soupe d'huile
Sel, poivre
2 cuillerées à soupe de sauce de soja
1 cuillerée à soupe de saké
3 cuillerées à soupe de dashi (p. 61)
Radis blanc râpé (facultatif).

Couper le tofu en deux et l'éponger dans du papier absorbant.

Nettoyer les champignons et les faire cuire avec le dashi, le saké et la sauce de soja pendant 5 minutes.

Saler, poivrer le tofu des deux côtés et les fariner légèrement.

Mettre l'huile dans une poêle et faire dorer le tofu sur les deux faces. Lorsqu'il est bien coloré, le disposer sur quatre assiettes avec les champignons, le restant de la soupe de cuisson et décorer avec des quartiers de citron.

Koya tofu aux champignons

4 pers.
Prép. : 20 mn. - Cuiss. : 1 h.

4 fromages de soja séchés
8 champignons parfumés secs
5 cm de carotte.
Soupe pour le koya tofu :
4 dl. de dashi (p. 61)
1 cuillerée à soupe de sauce de soja
3 cuillerées à soupe de sucre
1 pincée de sel.
Soupe pour les champignons :
2 dl. de dashi
5 cuillerées à soupe de sauce de soja
5 cuillerées à soupe de sucre.

Faire tremper les champignons dans de l'eau froide jusqu'à ce qu'ils soient mous. Couper les queues qui sont très dures.

Faire gonfler les koya tofu dans de l'eau tiède 5 minutes. Les égoutter. Les mettre dans la soupe pour le tofu, chaude ; faire cuire à petit feu. Couper le morceau de carotte en 8 rondelles. Les découper en forme de fleurs et les mettre dans la préparation. Continuer la cuisson à petit feu 30 minutes.

Faire chauffer la soupe pour champignons et les y faire cuire à petit feu.

Sortir les tofu et les carottes de la première soupe et ajouter leur bouillon à celui des champignons. Continuer la cuisson des champignons jusqu'à ce qu'il n'y ait presque plus de soupe.

Dresser dans 4 coupelles les tofu, les champignons et la carotte.

Aubergines et poivrons verts au miso

4 pers.
Prép. : 5 mn. - Cuiss. : 20 mn.

2 aubergines moyennes
1 poivron vert
1 dl. de bouillon de poulet
2 cuillerées à soupe d'huile.
30 g. de miso rouge
2 cuillerées à soupe de sucre
1 cuillerée à soupe de saké.

Couper les aubergines en deux dans le sens de la longueur et les recouper en biais en demi-rondelles de 1 cm d'épaisseur.

Faire de même avec les poivrons après avoir enlevé les graines qui sont à l'intérieur.

Mélanger dans un petit récipient le miso rouge, le sucre, le saké et le bouillon petit à petit.

Faire chauffer l'huile dans une poêle et y faire revenir les aubergines. Dès qu'elles commencent à ramollir ajouter les poivrons et continuer à faire revenir 5 minutes.

Ajouter la sauce, bien mélanger et laisser cuire 1 minute.

Se mange tiède ou chaud.

Pommes de terre à l'ail

4 pers.
Prép. : 15 mn. - Cuiss. : 30 mn.

600 g. de pommes de terre
Sel
3 gousses d'ail
3 cuillerées à soupe d'huile
2 dl. de bouillon de katsuo bushi
2 cuillerées à café de sauce de soja
1 cuillerée à café de sel
Poivre.

Bien laver les pommes de terre et les faire cuire dans de l'eau salée. Enlever la peau alors qu'elles sont encore chaudes et les couper en morceaux de 3 cm environ.

Hacher l'ail et le faire revenir avec les pommes de terre dans l'huile. Saler, poivrer et dès qu'elles sont bien dorées ajouter le katsuobushi et la sauce de soja. Continuer à faire revenir le tout 2 minutes.

Udons grillés

4 pers.
Prép. : 10 mn. - Cuiss. : 8 mn.

Udons précuits (nouilles japonaises)
200 g. de lard maigre en fines tranches
200 g. d'oignon
4 œufs
4 cuillerées à soupe d'huile
2 poivrons verts
400 g. de chou
2 gousses d'ail
2 cuillerées à soupe de sauce de soja
Sel, poivre.

Couper le lard en morceaux de 2 cm. Emincer l'oignon. Couper le chou et les poivrons en fines lanières. Hacher l'ail.

Faire chauffer dans une poêle 1 cuillerée à soupe d'huile, y casser les œufs et sur feu vif tourner à la spatule jusqu'à ce qu'ils se détachent, puis réserver.

Faire revenir l'ail et le lard à l'huile 1 minute, ajouter les légumes, remuer après 5 minutes, incorporer les udons, mélanger, ajouter la sauce de soja, continuer la cuisson 1 minute, incorporer les œufs, saler, poivrer et servir.

Udons à la viande

4 pers.
Prép. : 15 mn. - Cuiss. : 15 mn.

400 g. de udons précuits
300 g. de bœuf en fines tranches
2 lit. de dashi pour pâtes au sarrazin faits avec 2 lit. d'eau et sans sauce
1/2 quenelle de kamaboko
1 poireau
5 cm de carotte.

Couper les tranches de viande en morceaux de 3 cm. Bien les détacher.

Couper la quenelle en 8 tranches et émincer en biais le poireau.

Couper le morceau de carotte en 8 rondelles puis les faire cuire dans un peu d'eau avant de les découper à l'emporte-pièce ou au couteau en forme de fleur.

Mettre la soupe dans une casserole, ajouter la viande en veillant à ce qu'elle soit bien détachée. Faire chauffer, dès que la soupe bout réduire le feu et écumer la mousse qui monte à la surface. Ajouter la quenelle et le poireau. Laisser cuire 1 minute. Réchauffer les udons à l'eau bouillante, les répartir dans 4 grands bols et les recouvrir de soupe. Décorer avec la viande, le poireau, les rondelles de carotte et la quenelle. Servir très chaud.

On peut faire pocher 4 œufs et les ajouter en décoration.

Nouilles au sarrasin froides

4 pers.
Prép. : 3 mn. - Cuiss. : 10 mn.

400 g. de soba (nouilles) au sarrazin
1 feuille de nori (algue)
Dashi pour pâtes au sarrasin pour 4 personnes (p. 60).

Faire cuire les pâtes dans de l'eau bouillante comme pour des spaghettis. Dès que celles-ci sont molles, les mettre dans une passoire et les faire refroidir à l'eau froide. Laisser égoutter.

Disposer les pâtes sur quatre assiettes. Couper avec des ciseaux de fines tranches de nori de 2 cm de longueur. Disperser sur les pâtes.

Répartir la sauce froide dans quatre petites coupelles et y tremper les pâtes au fur et à mesure.

Riz aux mousserons

4 pers.
Prép. : 15 mn. - Cuiss. : 25 mn.

300 g. de riz rond
200 g. de mousserons
2 cuillerées à soupe de saké
2 cuillerées 1/2 à soupe de sauce de soja
1 cuillerée à soupe de mirin.

Nettoyer les mousserons et les couper de la taille d'une bouchée.

Laver le riz et le mettre dans une casserole avec 55 cl. d'eau, la sauce de soja, le mirin et le saké. Porter le tout à ébullition. Ajouter aussitôt les mousserons et continuer la cuisson en couvrant jusqu'à ce qu'il ne reste plus du tout de liquide.

Arrêter la cuisson et laisser encore le riz gonfler 10 minutes, en mettant un couvercle.

Riz au poulet et aux légumes

4 pers.
Prép. : 15 mn. - Cuiss. : 25 mn.

400 g. de riz rond
60 g. de chair de poulet cru
20 g. de carotte
2 champignons parfumés
5 pois mange-tout
5 dl. de dashi (p. 61)
Un peu de racine de bardane (facultatif)
2 cuillerées à soupe de saké
2 cuillerées à soupe de sauce de soja
2 cuillerées à café de mirin
Sel.

Faire tremper les champignons dans de l'eau tiède pour qu'ils gonflent.

Emincer la chair de poulet, le morceau de carotte et les champignons.

Eplucher un peu de racine de bardane, l'émincer et la faire tremper aussitôt dans de l'eau pour ne pas qu'elle noircisse.

Mélanger le dashi, le saké, la sauce de soja, le mirin, le poulet et les légumes émincés. Porter à ébullition, ajouter le riz lavé, continuer la cuisson sur feu plutôt faible, en couvrant, jusqu'à ce qu'il ne reste plus du tout de liquide.

Arrêter la cuisson et laisser encore le couvercle 10 à 15 minutes. Répartir dans 4 petits bols

Pendant ce temps, faire blanchir légèrement les pois mange-tout dans de l'eau salée, puis les émincer. Ils seront répartis sur chaque bol de riz pour mettre une note de couleur.

露乃身の
七百歳を送りぬる
面白の遊舞や
ありがたの
文菊の葉に
悉く顕る
水の所

Crêpes à la pâte de haricots rouges

XX OO

Pour 16 gâteaux.
Prép. : 20 mn. - Cuiss. : 20 mn.

---

2 œufs
110 g. de sucre
100 g. de farine
320 g. de pâte de haricots rouges (p. 61)
Un peu d'huile.

Faire 16 boulettes de 20 g. de pâte de haricots.

Battre les œufs au fouet 1 minute, ajouter le sucre et continuer à battre jusqu'à ce que le mélange blanchisse. Ajouter 25 cl. d'eau, en remuant, incorporer la farine, puis 20 cl. d'eau et remuer jusqu'à ce que le mélange ait la même consistance que le premier mélange œufs + sucre.

Faire chauffer une poêle huilée et y déposer une louche de pâte de façon à former une petite crêpe de forme ovale 5 cm x 10 cm. Ne laisser colorer qu'une face et placer une boulette de pâte de haricots. Plier en deux.

Faire de même pour tous les gâteaux et les poser sur une grille huilée. Couvrir avec un linge pour ne pas qu'ils sèchent et laisser refroidir.

Gâteaux à la vapeur

X O

13 gâteaux
Prép. : 30 mn. - Cuiss. : 10 mn.

---

100 g. de farine
20 g. de fécule
3 g. de levure chimique
65 g. de sucre
360 g. de pâte de haricots rouges
Un peu d'huile et de farine.

Faire 13 petites boules de pâte de haricots d'environ 27 g. chacune.

Faire chauffer de l'eau dans un appareil à vapeur et mettre un linge assez mouillé au fond pour empêcher que les manjus collent.

Mélanger le sucre avec 40 cl. d'eau, puis ajouter la fécule en faisant attention qu'elle ne fasse pas de grumeaux. En dernier lieu incorporer la farine.

Mettre la pâte sur une assiette farinée et la partager en 13, essayer de ne pas trop mélanger la pâte avec de la farine.

Etaler dans la paume de la main une boule de pâte, y mettre la purée de haricots, fermer et essuyer avec un pinceau sec les traces de farine sur le manju. Faire de même pour le reste des gâteaux et les mettre à cuire à la vapeur.

Huiler une grille à gâteaux. Dès que les manjus sont cuits, les sortir délicatement en faisant attention qu'ils ne collent pas aux doigts et les mettre à refroisir sur la grille.

神戸元町三

Soupe au crabe

4 pers.
Prép. : 15 mn. - Cuiss. : 10 mn.

200 g. de crabe
120 g. de perles de tapioca
1 gousse d'ail
3 échalotes
1 cuillerée à soupe de nuoc mam
1 lit. de bouillon de poulet
1 cuillerée à soupe d'huile
Poivre
Un peu de coriandre hachée
1 tronçon de 10 cm de poireau ou
2 tiges d'oignons nouveaux.

Faire tremper les perles de tapioca dans l'eau pendant une dizaine de minutes.

Emincer l'ail et les échalotes, puis les faire revenir 1 minute dans l'huile, ajouter le crabe, après 1 minute mouiller avec le bouillon, la sauce de nuoc mam et poivrer.

Egoutter les perles de tapioca et les mettre dans le bouillon. Continuer encore la cuisson 5 minutes. Le tapioca est cuit lorsqu'il devient translucide.

Emincer le poireau ou les oignons.

Disposer la soupe dans quatre bols et parsemer ceux-ci d'un peu de coriandre hachée et de poireaux ou oignons émincés.

Soupe aux racines de lotus

4 pers.
Prép. : 15 mn. - Cuiss. : 1 h. 15 mn.

400 g. de porc assez maigre
6 rondelles de racine de lotus en boîte
2 oignons nouveaux
Sel
4 cuillerées à soupe de nuoc mam.

Couper la viande en petits dés.

Couper en deux dans l'épaisseur les racines de lotus pour les rendre plus fines. Emincer les oignons nouveaux.

Mettre tous les ingrédients avec 1,2 lit. d'eau dans une casserole, saler un peu et porter le tout à ébullition. Réduire le feu, couvrir et laisser cuire environ 1 heure 15 minutes. Incorporer le nuoc mam et servir aussitôt.

無

Oeufs au crabe

4 pers.
Prép. : 10 mn. - Cuiss. : 7 mn.

6 œufs
150 g. de crabe frais ou en boîte
2 oignons nouveaux hachés
1 gousse d'ail
Sel, poivre
1 cuillerée à soupe de nuoc mam
2 cuillerées à soupe d'huile.

Battre les œufs en omelette. Ecraser l'ail.

Faire revenir dans l'huile l'ail et les oignons 1 minute, ajouter le crabe, continuer à faire revenir 2 minutes, puis incorporer le nuoc mam, saler, poivrer, verser les œufs dessus.

Tourner constamment jusqu'à ce que les œufs soient cuits.

Nouilles vietnamiennes

4 pers.
Prép. : 15 mn. - Cuiss. : 30 mn.

500 g. de nouilles de riz
400 g. de bœuf maigre
1 oignon
2 lit. de consommé de viande de bœuf
Sel, poivre.

Faire cuire les nouilles et les mettre en attente dans une passoire.

Faire bouillir une grande casserole d'eau de manière à réchauffer les nouilles au dernier moment.

Porter à ébullition le bouillon, saler, poivrer.

Couper la viande et l'oignon en lamelles.

Plonger les nouilles précuites 1 minute dans de l'eau bouillante de façon à les réchauffer, puis les disposer dans quatre grands bols.

Recouvrir avec les lamelles de viande crue et les lamelles d'oignon.

Arroser de bouillon pour submerger le tout. Servir aussitôt.

Suivant le goût on peut agrémenter avec un peu de nuoc mam.

Beignets de crevettes

4 pers.
Prép. : 20 mn. - Cuiss. : 5 mn.

Pâte à beignets :
400 g. de crevettes décortiquées
1 blanc d'œuf
50 g. de gras de porc
1 cuillerée à café d'huile
Sel, poivre
1 pincée de sucre
1 petit oignon
2 cuillerées à soupe de fécule
Laitue
Menthe fraîche
Sauce nuoc cham (p. 57).

Mixer les crevettes jusqu'à obtention d'une pâte. Emincer l'oignon, le gras de porc et mélanger tous les ingrédients, avec 1/2 cuillerée à soupe de sauce nuoc cham.

Se huiler un peu les mains et confectionner de petits beignets plats, puis les faire frire à l'huile quelques minutes jusqu'à ce qu'ils soient bien dorés. Egoutter et servir aussitôt ces beignets.

Chaque convive enveloppe un beignet dans une feuille de laitue avec un peu de menthe hachée, puis le trempe dans un peu de sauce nuoc cham.

Poisson à la vapeur

4 pers.
Prép. : 45 mn. - Cuiss. : 25 mn.

500 g. de poisson à chair blanche
50 g. de vermicelle chinois
4 champignons noirs séchés
1/2 carotte, 1 gousse d'ail
2 lamelles fines de gingembre
100 g. de porc
Sel, poivre
1 cuillerée à soupe de nuoc mam
2 cuillerées à soupe de sauce de soja
4 cuillerées à soupe de lait de coco
Un peu de coriandre fraîche
1/2 tige d'oignon nouveau.

Faire tremper dans de l'eau chaude les champignons pendant 30 minutes environ. Faire de même pour le vermicelle.

Mettre les filets de poisson dans un plat allant au four.

Couper le vermicelle égoutté en morceaux de 3 cm environ. Emincer les champignons après leur avoir enlevé les queues. Couper la demi-carotte en fines lanières. Emincer le gingembre et l'ail. Couper la viande en fines lanières.

Mélanger tous les ingrédients ci-dessus, ajouter sel, poivre, nuoc mam et sauce de soja. Disposer le tout sur le poisson et faire cuire environ 25 minutes.

Juste avant de servir, arroser le tout de lait de coco et parsemer de coriandre et d'oignon nouveau émincés.

Pâtés impériaux

XXX OOO

4 pers.
Prép. : 1 h. - Cuiss. : 15 mn. par rouleau.

Garniture :
300 g. de porc haché
2 boîtes de crabe
1/2 sachet de vermicelle chinois
1/2 sachet de champignons noirs
2 œufs
2 gousses d'ail
2 beaux oignons
1 petit bouquet de persil
Sel, poivre
Sel glutamate.

Rouleaux :
20 galettes de riz.

Pour servir :
Sauce nuoc cham (p. 57)
Salade
Menthe fraîche
Huile de friture.

Faire tremper les champignons dans de l'eau tiède 20 minutes et le vermicelle dans de l'eau froide une dizaine de minutes.

Hacher finement tous les ingrédients de la garniture et bien les mélanger.

Etaler les galettes sur le plan de travail et les mouiller avec une éponge imbibée d'eau. Attendre quelques secondes de façon à ce que les galettes deviennent malléables. Les garnir avec la farce et les rouler.

Chauffer l'huile dans une poêle et faire frire les rouleaux environ 15 minutes jusqu'à ce qu'ils soient bien dorés.

Servir chaud, accompagnés de sauce nuoc cham et d'un plat de belles feuilles de salade, de menthe fraîche, de branches de coriandre, de rondelles de concombre.

ou :

Garniture :
100 g. de crevettes décortiquées
500 g. de porc maigre
200 g. de chair de crabe
100 g. de champignons noirs
100 g. de germes de soja
1 oignon
2 grosses carottes
1 pincée de glutamate (sel)
Sel, poivre.

Hacher les ingrédients (sauf les germes de soja) puis bien malaxer le tout.
Procéder comme pour la recette précédente.

Sauce d'accompagnement nuoc cham

4 pers.
Prép. : 10 mn.

4 cuillerées à soupe de nuoc mam
2 cuillerées 1/2 à soupe de sucre en poudre
3 piments rouges séchés
1/4 de jus de citron vert.

Ecraser dans un mortier l'ail pelé, les piments débarrassés de leurs graines, ainsi que le sucre.

Ajouter le nuoc mam, 4 cuillerées à soupe d'eau et le jus de citron.

Bien mélanger le tout.

Bœuf aux pousses de bambou

4 pers.
Prép. : 10 mn. - Cuiss. : 15 mn.

400 g. de rumsteck en fines tranches
1 grosse boîte de pousses de bambou
5 oignons nouveaux
2 cuillerées à soupe de nuoc mam
Sel
1 gousse d'ail écrasée
3 cuillerées à soupe de sésame pilé
3 cuillerées à soupe d'huile.

Couper les fines tranches de viande en morceaux d'environ 5 cm de long.
Couper les pousses de bambou en fines lamelles. Emincer les oignons.
Piler le sésame.

Faire revenir 1 minute le bœuf dans 2 cuillerées à soupe d'huile, puis le sortir et le mettre en attente dans un petit récipient.

Ajouter le restant d'huile et y faire sauter les pousses de bambou égouttées, les oignons environ 1 minute, saler, incorporer l'ail et le nuoc mam, prolonger la cuisson 5 minutes. Ajouter la viande et faire sauter tout en remuant 1 minute. En dernier lieu incorporer le sésame et servir aussitôt.

Boulettes au riz gluant

4 pers.
Prép. : 40 mn. - Cuiss. : 1 h.

Farce :
400 g. de porc maigre
300 g. de chou
2 œufs
1 oignon
10 cm de poireau
50 g. de champignons parfumés
Sel, poivre
1 cuillerée à soupe de nuoc mam
1 cuillerée à soupe de sauce de soja
1 filet d'huile de sésame
2 cuillerée à soupe de fécule de pomme de terre
200 g. de riz gluant.

Mettre tremper les champignons 30 minutes à l'eau tiède.

Hacher la viande, le chou, l'oignon, le morceau de poireau et les champignons égouttés. Incorporer les œufs ainsi que le restant des ingrédients de la farce.

Former des boulettes de la grosseur d'une noix, puis les rouler dans le riz jusqu'à ce qu'elles soient bien enrobées.

Faire cuire ces boulettes à la vapeur environ 1 heure.

Le riz à sushi

4 pers.
Prép. : 10 mn. Cuiss. : 1 h. Refroidissement : 45 mn - 1 h.

510 g. de riz rond
60 cl. de vinaigre de riz
1 cuillerée à soupe de sucre
1/3 de cuillerée à café de sel.

Laver le riz 1 heure avant de le faire cuire et l'égoutter dans une passoire.

Mettre le riz dans 7 dl. d'eau en ébullition, couvrir et après la reprise de l'ébullition, le laisser cuire à feu moyen 5 minutes, puis à petit feu 5 minutes. Avant d'arrêter la cuisson, faire évaporer le reste d'eau à feu vif, puis hors du feu laisser le riz 10 minutes sans enlever le couvercle pour faire gonfler.

Mélanger le vinaigre, le sucre et le sel, remuer pour faire fondre le sucre.

Mettre le riz dans un plat creux et l'arroser avec la préparation ci-dessus, mélanger délicatement à la spatule sans l'écraser, puis éventer le riz non pas pour le refroidir, mais pour en faire sortir rapidement l'eau et le rendre brillant.

Dashi pour pâtes au sarrasin

4 pers.
Prép. : 3mn. - Cuiss. : 15 mn.

1 carré de 10 cm x 10 cm de kombu en feuille
5 g. de katsuo bushi
5 cuillerées à soupe de sauce de soja
3 cuillerées à soupe de mirin
1 cuillerée à soupe de sucre.

Frotter le kombu avec un linge humide et le déchirer à plusieurs endroits pour en faire sortir l'arôme à la cuisson. Mettre chauffer les ingrédients avec 3 dl. d'eau. Laisser cuire jusqu'à ce qu'il ne reste que 80% du liquide.

Laisser refroidir et passer.

Cette sauce se conserve dans un bocal fermé 5 jours au réfrigérateur.

Dashi

4 pers.
Prép. : 2 mn. - Cuiss. : 10 mn.

10 cm de kombu (algue séchée) *15 g. de katsuo bushi.*

Faire chauffer avec 1 lit d'eau le kombu et le katsuobushi. Réduire le feu à ébullition et continuer la cuisson jusqu'à ce que le katsuobushi immerge.

Passer la soupe à travers une étamine.

Pâte de haricots rouges

Prép. : 45 mn. 1ère cuiss. : 1 h. 30 mn.
Repos : 2-3 h. 2ème cuisson : 20-25 mn.

Pour 670 g. :
250 g. de haricots rouges
270 g. de sucre
1 pincée de sel.

Laver les haricots, les mettre dans une grande quantité d'eau et les faire chauffer sur feu moyen jusqu'à ébullition. Jeter l'eau et en mettre de la froide. Renouveler trois fois cette opération. Après la quatrième fois, l'eau doit couvrir de 5 cm les haricots, continuer la cuisson jusqu'à ce qu'il soit facile d'écraser entre les doigts un haricot.

Egoutter les haricots mais en gardant l'eau de cuisson, les écraser dans une passoire au-dessus de l'eau de cuisson. Il ne doit rester que les peaux dans la passoire. Passer cette purée au chinois. Jeter ce qui reste dans le chinois.

Ajouter de l'eau froide à la pâte de haricots, mélanger et laisser reposer une nuit. La pâte de haricots doit se déposer. Le lendemain jeter l'eau. Renouveler plusieurs fois cette opération jusqu'à ce que l'eau soit claire. Verser la pâte de haricots dans une passoire garnie d'une étamine et la tordre pour ne garder qu'une pâte très dure.

Mettre la moitié de cette pâte avec le sucre sur feu moyen, mélanger sans laisser brûler. Dès l'obtention d'une pâte lisse, ajouter le restant, le sel et continuer la cuisson en remuant pour former une pâte consistante. Laisser refroidir.

TABLE DES RECETTES

Pages

Chine

Beignets au sésame 18
Boulettes de porc à l'aigre-doux 9
Canard laqué 8
Chaussons à la viande 12
Friture de tofu 14
Pain chinoix à la viande 10
Pâtes chinoises aux légumes 16
Petits pains à la pâte de haricots 18
Soupe aux boulettes de viande 7
Soupe aux palourdes 6
Soupe de base pour pâtes 17
Soupe de poisson à chair blanche 6
Tofu sauce piquante 15

Corée

Aubergines farcies 28
Barbecue coréen 22
Brochettes de bœuf au poireau 24
Condiment à la coréenne Kim Chee 30
Riz au bœuf et aux germes de soja 24
Rondelles d'oignons farcies 28
Soupe au cabillaud 20
Soupe de riz 21
Vermicelle chinois sauté 26

Japon

Aubergines et poivrons verts au miso 42
Bœuf aux légumes 38
Crêpes à la pâte de haricots rouges 48
Fondue japonaise - Tempura 34
Gâteaux à la vapeur 48
Germes de soja aux œufs 32
Koya tofu aux champignons 40
Nouilles au sarrasin froides 45
Pommes de terre à l'ail 42
Porc à l'ananas 39
Pudding aux œufs à la vapeur 32
Riz au poulet et aux légumes 46
Riz aux mousserons 46
Rouleaux de riz à l'anguille 36
Soupe de miso à la viande 31
Tofu grillé aux mousserons 40
Udons à la viande 44
Udons grillés 44

Vietnam

Beignets de crevettes 54
Bœuf aux pousses de bambou 58
Boulettes au riz gluant 59
Dashi 61
Dashi pour pâtes au sarrasin 60
Nouilles vietnamiennes 52
Oeufs au crabe 52
Pâte de haricots rouges 61
Pâtés impériaux 56
Poisson à la vapeur 54
Riz à sushi (Le) 60
Sauce d'accompagnement nuoc cham 57
Soupe au crabe 50
Soupe aux racines de lotus 50

Photos : S.A.E.P. / J.L. Syren.

Dépôt légal 4e trim. 1988 - Imp. n° 1 567

Imprimé en C.E.E.

150 idées de
Décorations
Plats, assiettes ...

Eric ZIPPER

Réalisation culinaire : Philippe Landbeck

Photos : S.A.E.P./Jean-Luc Syren

OPEASI
CH - LUCERNE

On oublie trop souvent l'importance de la vue dans la dégustation d'un plat. C'est pourtant l'harmonie des couleurs, des formes, l'originalité de la présentation, la féerie du décor qui éblouissent les convives et leur ouvrent l'appétit.

Vous allez pouvoir, sans frais supplémentaires mais avec quelques astuces, donner à un simple repas des allures de fête, en ajoutant une tomate historiée, quelques rondelles de citron, une fleur en carotte ou une spirale de concombre. Vos gâteaux vont devenir de jolies pâtisseries quand ils seront décorés à la poche à douille ou nappés de chocolat.

Chaque légume, chaque fruit, chaque ingrédient a ses caractéristiques, ses trucs. Vous trouverez donc de nombreux conseils vous permettant de réussir de jolis décors, en utilisant un matériel simple et des ingrédients que l'on trouve facilement.

Nous ne vous présentons que quelques idées parmi un très large éventail de possibilités. Laissez aller votre imagination et apportez à vos mets ce petit quelque chose qui les transformera en plats de fête.

Glossaire

Beurre en pommade : Beurre travaillé jusqu'à obtenir la consistance d'une pommade.

Blanchir : Passer un aliment quelques minutes à l'eau bouillante pour l'attendrir.

Brunoise : Légumes coupés en petits dés très réguliers de 1 à 3 mm de côté.

Canneler : Décoller de fines lamelles d'écorce d'un légume ou d'un fruit à l'aide du canneleur.

Chinois : Passoire métallique en mailles très serrées.

Historier : Pratiquer à l'aide d'un couteau à historier ou d'un simple couteau, des incisions en V tout autour d'un fruit ou d'un légume en allant jusqu'au cœur.

Tourner : Couper les légumes en leur donnant une forme régulière.

Zeste : Partie colorée de la peau d'un agrume que l'on utilise coupée en petits morceaux ou râpée.

Quelques ustensiles

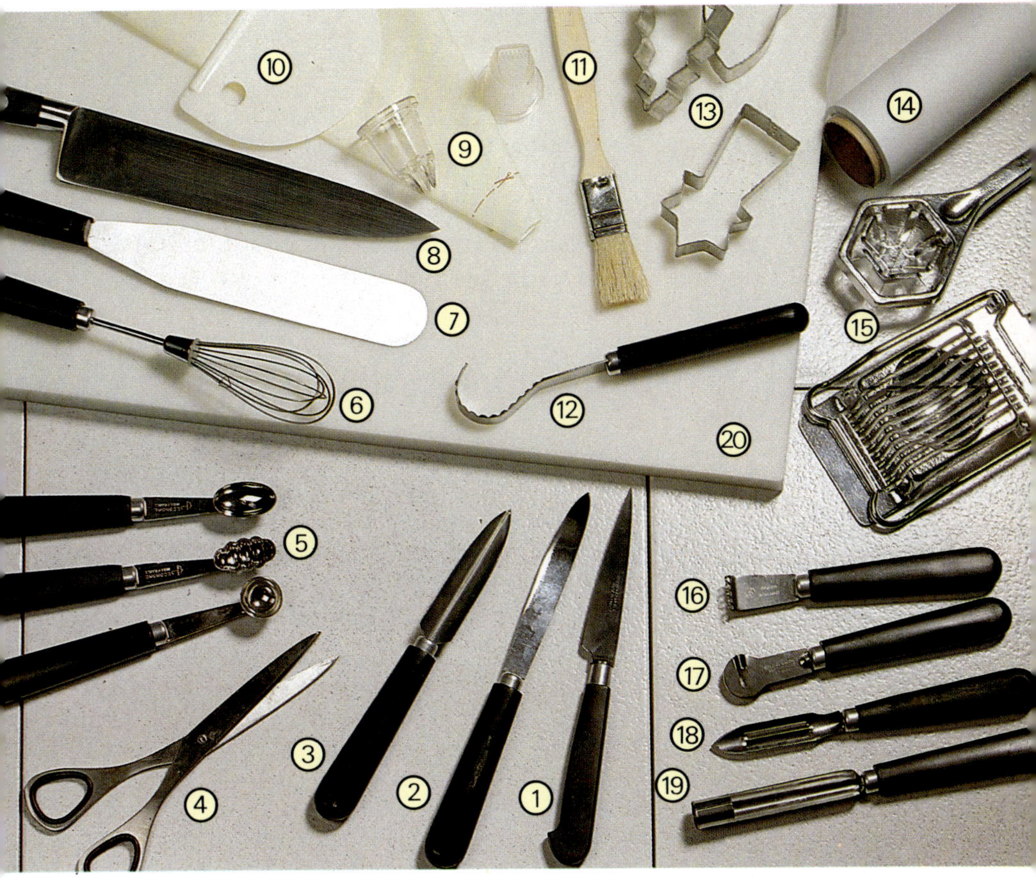

1. Couteau d'office
2. Couteau pamplemousse
3. Couteau à historier
4. Ciseaux
5. Cuillères à pommes parisiennes
6. Fouet
7. Spatule
8. Grand couteau
9. Poche et douilles
10. Corne
11. Pinceau
12. Coquilleur
13. Formes
14. Papier sulfurisé
15. Coupe-œufs
16. Zesteur
17. Canneleur
18. Econome
19. Vide-pomme
20. Planche.

LE BEURRE

Beurre maître d'hôtel :

Mélanger le beurre ramolli avec le persil haché, sel, poivre et le jus d'un demi-citron.

Copeaux de beurre :

Utiliser du beurre pas trop froid. Tremper le couteau dans l'eau froide avant chaque copeau. Râcler doucement la surface.

Toast au beurre :

A l'aide d'un cornet en papier sulfurisé (p. 56) garni de beurre en pommade, décorer un toast en pain de mie grillé.

Beurre moulé :

Remplir de beurre les moules préalablement trempés dans l'eau froide. Bien tasser. Démouler et réserver au frais.

Beurres composés :

Travailler le beurre avec :
. une brunoise de poivrons rouges et verts, de carottes, d'oignons, d'olives noires, du sel et du poivre,
. de la purée d'anchois et un filet de citron,
. du cresson blanchi et mixé finement.

CONSEIL

Pour présenter un beurre composé, le modeler en forme de cylindre en le roulant dans un rectangle de papier sulfurisé ou aluminium et mettre au frais. Au moment de servir, le déballer et le couper en tranches fines.

LES ŒUFS

Oeufs mimosas :

Couper les œufs durs en deux. Travailler le jaune avec des fines herbes hachées et un peu de mayonnaise. Garnir à la poche (p. 50).

Oeufs brouillés :

Décalotter précautionneusement les œufs crus. Les vider. Remettre les œufs brouillés à l'intérieur. Garnir d'œufs de lump.

Oeufs champignons :

Couvrir un œuf dur d'un chapeau en tomate. Dessiner quelques points à la mayonnaise.

Oeufs de caille :

On peut les servir durs et entiers. Ils se prêtent aux mêmes idées que les œufs de poules (tranches, quartiers, farcis).

Mini-canapés :

Couper les œufs en tranches. Les garnir d'un filet d'anchois, d'une demi-olive, d'un beurre d'anchois. On peut également les lustrer à la gelée.

Oeufs en rondelles, en quartiers :

A disposer au gré de sa fantaisie.

CONSEIL

Temps de cuisson des œufs :

Coque : 2 à 4 minutes.
Mollet : 5 à 6 minutes.
Dur : 10 minutes.

LES FEUILLETAGES

Fleurons :

Découper à l'emporte-pièce cannelé des demi-cercles dans l'abaisse de pâte. Rayer à la fourchette. Dorer à l'œuf.

Tresse :

Faire une tresse avec la pâte. La dorer. S'utilise sur les pâtés et les tourtes.

Mini vol-au-vent :

Superposer un cercle de pâte et une couronne. Dorer. Peut s'utiliser pour présenter des légumes, en garniture.

On peut décorer une tourte ou un pâté en pinçant, en dessinant sur la pâte, ou en rapportant des motifs : tresses, feuilles, fleurs...

CONSEIL

Cuire le feuilletage sur une plaque propre et légèrement humide.
Attention en dorant à ne pas laisser couler d'œuf sur la plaque. Les feuilletés ne lèveraient plus.

LES CANAPES

On peut laisser libre cours à son imagination. Il doivent être attrayants et variés, tant au niveau des formes qu'à celui des ingrédients.

Oeufs de lumps :

Disposer les œufs rouges et noirs séparés d'un filet de beurre au cornet (p. 56) sur du pain de mie beurré.

Crevettes :

Disposer les crevettes sur le pain tartiné de beurre d'anchois.

Champignons :

Disposer un demi-champignon émincé et citronné sur une chiffonnade de laitue. Décorer d'un losange de poivron rouge.

Fromage de chèvre :

Disposer une rondelle de fromage de chèvre sur chaque canapé. Garnir de cumin, de thym et de laurier.

LES LEGUMES

Les légumes, par leurs goûts, leurs couleurs et leurs aspects différents, permettent de réaliser une large gamme de décors. Ils peuvent être utilisés crus ou cuits suivant le résultat désiré.

La tomate est plus jolie crue, la pomme de terre quant à elle sera toujours cuite.

Il faudra veiller à choisir des légumes de belle qualité, d'autant plus lorsqu'ils sont destinés à être consommés. Ils devront être mûrs mais fermes et d'une belle couleur.

N'oubliez pas qu'il s'agit de décorer votre plat.

Les carottes

En rondelles :

Couper de fines tranches de carottes, soit verticalement, soit en biais.

Crantées :

Découper des lamelles, des tranches, des losanges avec le couteau cranté.

En julienne :

Couper des tronçons, recouper en tranches fines et enfin en bâtonnets très fins. On peut panacher en julienne plusieurs légumes : carottes, poireaux...

En fleur :

A l'aide d'un couteau large, dérouler un tronçon en une seule lamelle. Saupoudrer de gros sel. Laisser macérer. Rincer. Plier en deux et pratiquer des incisions régulières. Enrouler et laisser raidir à l'eau froide.

Les radis

En rondelles :

Comme pour les carottes.

En fleurs :

Inciser les radis de chaque côté et au milieu. Les laisser s'ouvrir dans de l'eau très froide.
Le radis noir peut être taillé en fleur comme la carotte.

Les petits radis seront juste coupés en quatre et trempés dans de l'eau froide.

CONSEIL

Le gros sel ramollit les tranches de légumes et permet de les façonner sans les casser.
L'eau froide dans laquelle on peut ajouter des glaçons raidit les légumes, leur donnant, dans le cas de radis, leurs formes de fleurs.

Les champignons

Farcis :

Les têtes de champignons crues peuvent contenir une salade, ou lorsqu'elles sont cuites une garniture (mousseline de légumes).

En tranches :

Couper les champignons en tranches fines, les citronner et les disposer régulièrement.

CONSEIL

Bien citronner les champignons. En effet, au contact de l'air, la chair s'oxyde rapidement, prenant une couleur foncée peu agréable.

En les faisant cuire, ne pas oublier de mettre un peu de citron dans l'eau, sauf dans le cas où ils seront en contact avec une sauce à base de crème.

Tourner un champignon :

Choisir de belles têtes de champignons. Préparer un couteau bien affûté, le tenir à l'envers, côté aiguisé vers le haut.

Entailler la peau en partant du sommet et en tournant légèrement le champignon. Réserver dans l'eau citronnée.

Décorer un champignon :

A l'aide de la pointe d'un couteau, enfoncer la chair afin de réaliser les motifs souhaités.

Les oignons

En rondelles :

Couper l'oignon en tranches minces. Séparer les anneaux. On peut les présenter tels quels, sur des salades ou les tremper à moitié dans du persil haché ou dans du paprika.
Pour une garniture chaude, les passer dans une pâte à beignets et les faire frire.

Glacés :

Faire cuire de petits oignons épluchés dans de l'eau, du sel, du beurre et du sucre. Le liquide de cuisson va devenir sirupeux et les envelopper d'une pellicule claire tout d'abord - glacés à blanc -, puis brune si l'on poursuit la cuisson - glacés à brun -.

Les fines herbes

On utilise le plus souvent le persil haché pour saupoudrer un plat, une salade. On peut se servir de toutes les herbes : ciboulette, cerfeuil, menthe, basilic...

Les présenter également :

Entières :

Pour la ciboulette.

En bouquet :

Pour le persil, le cerfeuil, la menthe.

En pluches :

Dans un potage, pour le cerfeuil ou le persil.

CONSEIL

Les fines herbes hachées s'oxydent rapidement, même placées au réfrigérateur, perdant ainsi non seulement leur aspect mais aussi leur goût.

Pour conserver les fines herbes tout l'hiver, les hacher, en déposer de petits tas dans des bacs à glaçons, remplir d'eau et congeler. Il vous suffira de les ajouter dans un potage pour retrouver aussitôt les saveurs de l'été.

Les tomates

Les tomates, par leur couleur, ont toujours contribué au décor des plats. Les variations possibles sont nombreuses. En voici quelques-unes :

Utiliser des petites tomates cerises rouges ou jaunes en garniture de salades ou de terrines.

Couper les tomates en tranches, demi-tranches, quartiers.

Garnir des petites tomates évidées de salades composées. Remettre le chapeau. Faire la même chose en les taillant en paniers ou en les historiant.

Décoller la peau de la tomate en formant un long ruban. L'enrouler sur lui-même en formant une rose.

Détacher la paroi des tomates. L'entailler régulièrement de manière à obtenir des franges.

Tailler de petits losanges et les déposer harmonieusement.

Entailler la peau des tomates, la décoller et former une fleur.

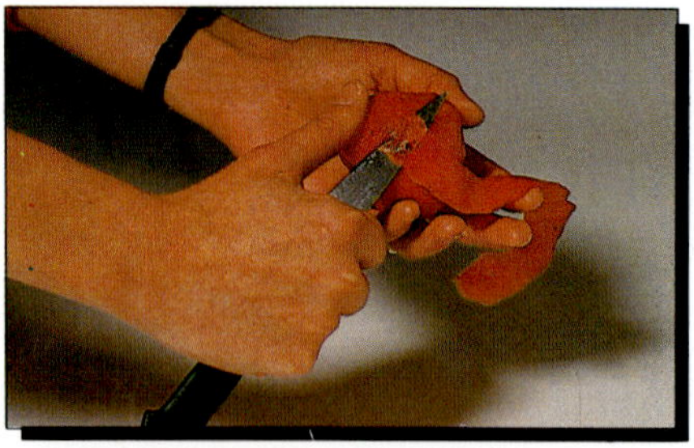

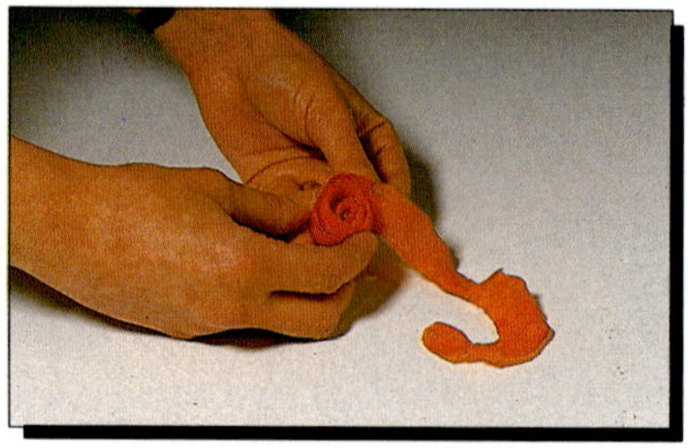

La rose : *Décoller la peau à l'aide d'un couteau bien aiguisé.*

L'enrouler côté lisse à l'extérieur.

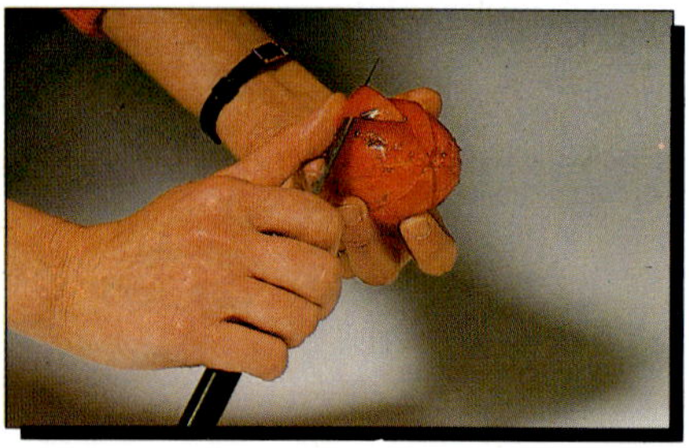

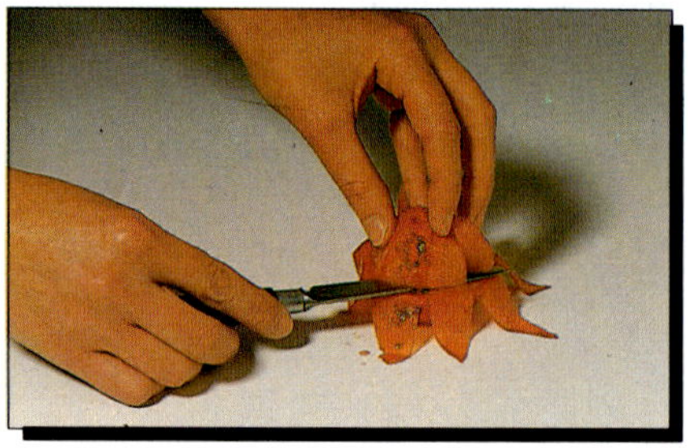

La fleur : *Inciser la peau en 8 parts égales. La décoller doucement.*

Trancher la pulpe. On peut également l'historier.

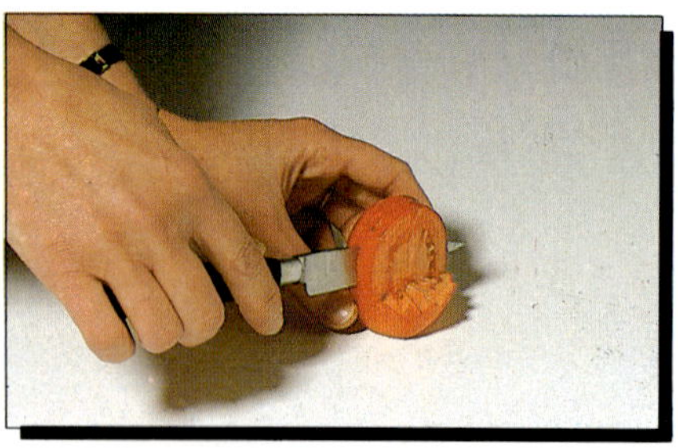

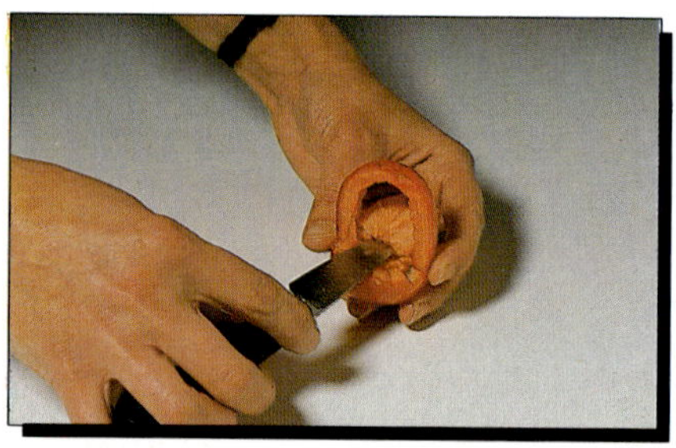

Le panier : *Historier les deux côtés. Découper l'anse.*

Creuser le panier et l'anse avec précaution.

Les poireaux

Couper un tronçon de poireau d'environ 10 cm. Le passer dans une rondelle de carotte évidée. Tailler les bouts du poireau en lanières. Laisser tremper à l'eau froide.

Tailler un poireau en julienne. Laisser tremper à l'eau froide.

Blanchir des lanières de poireaux. Les tresser en alternant les couleurs, vert, blanc, jaune.

Pour décorer un aspic, une terrine en gelée, découper les motifs désirés dans du vert ou du blanc de poireaux. Les faire blanchir quelques secondes. Les disposer une fois refroidis.

Les concombres

Garniture crue :

Les couper en tranches ou demi-tranches fines. On peut également les canneler.

Coupés en tranches épaisses et cannelées, ils serviront de base pour des canapés aux légumes.

Couper des tronçons de 10 cm environ, les historier. On peut aussi les couper d'un côté en biais. Creusés, on pourra les garnir de salades composées.

Garniture cuite :

Couper le concombre en julienne épaisse, en tranches ou en billes prélevées à la cuillère à pommes parisiennes. Cuire quelques instants à l'eau bouillante salée.

En spirale :

Traverser le concombre d'une brochette. Couper tout autour.

Retirer la brochette et rapprocher les 2 extrémités pour former une couronne.

Les cornichons

Ils accompagnent traditionnellement la viande froide, la charcuterie ou décorent des canapés. Voici quelques idées de présentation :

Couper les cornichons en rondelles, soit en biais, soit verticalement.

Couper en 2 dans la longueur. Couper de fines lamelles sans les séparer. Décaler les tranches pour former un éventail.

Couper en julienne ou en petits cubes. Dresser dans une petite tomate évidée. Ils accompagneront ainsi un steak tartare, par exemple.

Les pommes de terre

Cuire les pommes de terre lavées et non épluchées au four.

Couper un chapeau. Enlever la chair à la petite cuillère sans percer la peau. Réduire en purée, assaisonner.

Remplir à nouveau la pomme de terre. Repasser au four.

CONSEIL

Les pommes de terre contenant beaucoup d'amidon, il est nécessaire de les rincer longuement à l'eau froide pour l'éliminer.

Elles s'oxydent rapidement au contact de l'air dès qu'elles sont épluchées ou coupées. On évite ce problème en les laissant tremper dans l'eau claire en attendant la cuisson.

Les pommes Pont Neuf :

Ce sont des frites d'environ 1 cm de large et de 8 cm de long.

Les pommes pailles :

Elles ont la taille d'une allumette. Elles sont également frites.

Les pommes sautées :

Elles peuvent se présenter dans des fonds d'artichaut.

Les paniers :

Répartir les pommes de terres râpées et bien égouttées dans une écumoire. Mouler avec une deuxième écumoire. Faire frire.

Les pommes parisiennes :

Elles sont prélevées avec la cuillère du même nom et cuites à four très chaud ou à la poêle. Les chutes peuvent servir pour un potage ou une purée.

Prélever de petites billes de pommes de terre épluchée à l'aide de la cuillère. Réserver dans l'eau.

Les pommes duchesses :

Elles sont composées d'une purée fine à laquelle on ajoute des jaunes d'œufs.

On peut également garnir à la poche à douille (voir p. 52) le tour d'un plat, le bord d'une assiette, dorer au four et finir la garniture.

La taille des légumes

Carottes :

Couper les carottes épluchées en tronçons réguliers, pas trop épais. Au besoin, les recouper en deux ou en quatre. A l'aide d'un couteau pointu, donner la forme d'une gousse d'ail.

Céleri :

Le couper en tranches épaisses, recouper en cubes réguliers, légèrement allongés. Les tailler comme les carottes.

Navets :

Couper les navets en quartiers. Les tourner comme les carottes.

Pommes de terre :

Couper les pommes de terre en gros cubes réguliers. Leur donner une forme de savonnette. Les cuire à l'eau. On peut les servir en accompagnement avec du poisson.

CONSEIL

On peut garder les chutes pour faire un potage, une marinade, un court-bouillon.

Ceci est la technique classique de taille des légumes. Elle leur donne un aspect régulier et permet une cuisson uniforme.

Tourner les légumes :

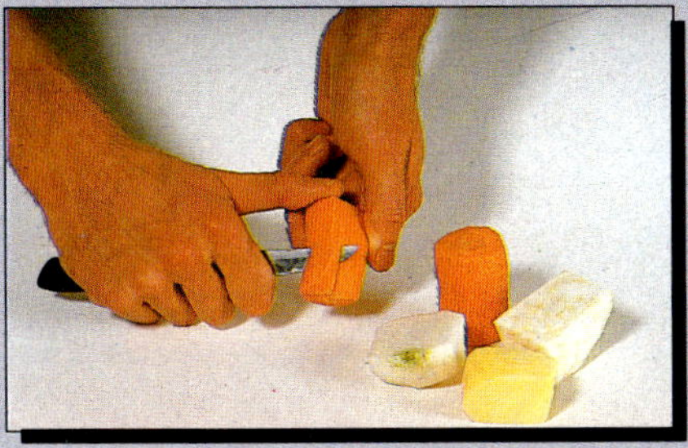

Couper les légumes lavés et épluchés en morceaux réguliers.

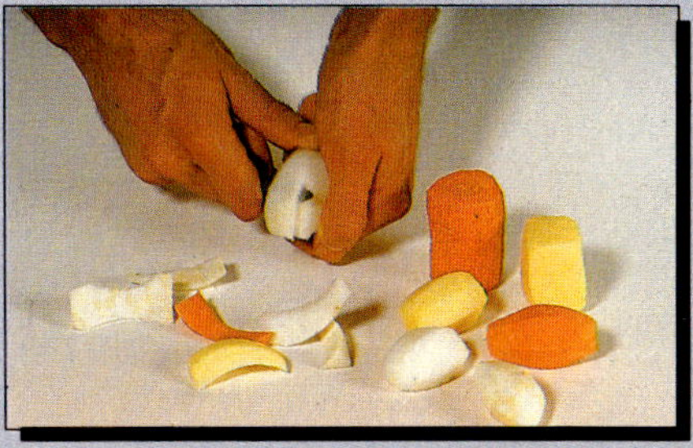

A l'aide d'un couteau d'office, les tourner soigneusement.

Une variante, la fleur en légumes :

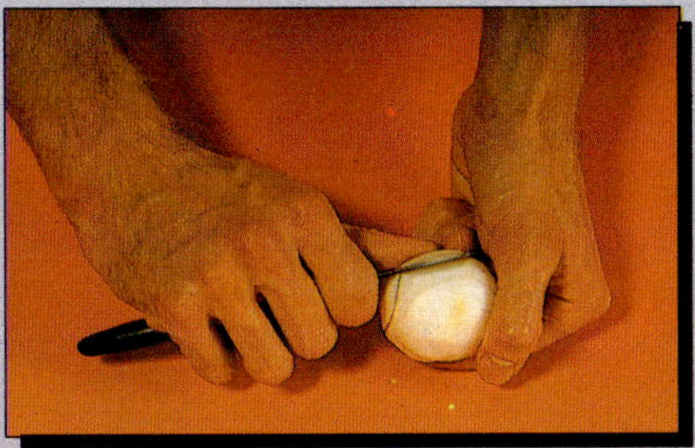

Entailler le navet, retirer un cercle de chair de manière à dégager un pétale. Le faire sur tout le tour.

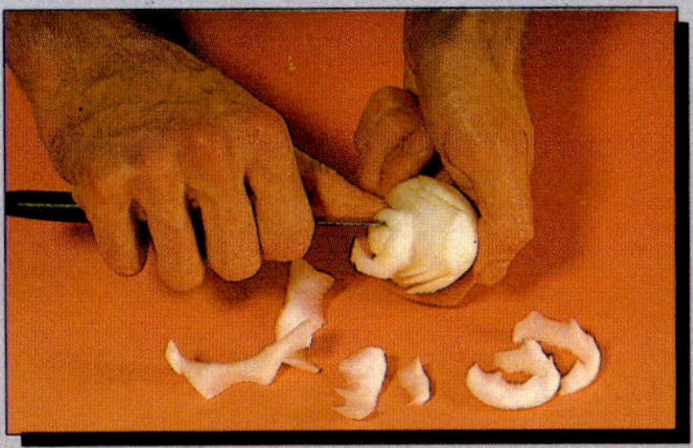

Recommencer des rangées successives, dégager. L'utiliser cru ou blanchi à l'eau salée.

LES FRUITS

Comme pour les légumes, le choix des fruits est important. Ils doivent également être mûrs, fermes, d'un bel aspect et frais.

Il ne faut pas oublier de les laver avant de les utiliser, surtout dans le cas d'agrumes dont on utilise la peau ou le zeste. En effet, étant traités contre les parasites, ils sont souvent recouverts d'une fine pellicule de cire, il faudra donc les passer à l'eau très chaude, en les frottant, ou choisir des fruits non traités que l'on peut se procurer dans les magasins de diététique.

N'oubliez pas les fruits qui ne figurent pas dans cet ouvrage (fraises, abricots, pêches) mais que vous pourrez utiliser suivant votre inspiration et votre imagination.

Les citrons

Découper des rondelles fines et régulières dans un citron cannelé ou non. Une variante consiste à les couper à moitié. On peut alors les plier et glisser un brin de persil, ou les enrouler en cornets fixés par un bâtonnet et les garnir d'un losange de tomate ou d'une olive.

Tailler un citron en quatre, six, ou huit quartiers. Les disposer harmonieusement.

Couper des demi-rondelles dans un citron cannelé.

Couper un citron en deux, détacher le bord du zeste et faire un nœud.

Couper un citron en l'historiant. Décorer le milieu d'une airelle ou d'un brin de persil.

Tailler un citron en laissant une anse de manière à former un panier. On peut également l'évider et le garnir de câpres.

Ces décorations peuvent se faire également avec des citrons verts.

CONSEIL

Choisir des citrons, et en général des agrumes, d'une variétés sans pépins. On obtient ainsi des tranches régulières et lisses. Sinon, ne pas oublier de les enlever.

Les oranges

Couper les oranges en quarts, en demies ou en rondelles.

L'orange peut être laissée entière, cannelée ou pelée à vif, suivant le résultat que l'on veut obtenir.

Historier les oranges, les couper en deux. On peut les évider.

Découper une orange en formant un panier. Si l'on veut, le remplir d'airelles pour une garniture de canard à l'orange.

Panacher des demi-rondelles fines de citron et d'orange en formant des écailles.

Peler une orange à vif :

Choisir un couteau bien affûté. Couper les deux bouts de l'orange, la redresser puis, en suivant la forme du fruit, enlever l'écorce et la peau blanche.

Dégager chaque quartier de la peau sans le briser.

CONSEIL

Ne pas jeter les chutes de peau d'orange qui restent lorsqu'elle est cannelée, mais les utiliser pour parfumer une sauce ou comme décor après les avoir fait confire (p. 44).

Les pamplemousses

Couper le pamplemousse en deux, séparer et décoller les quartiers à l'aide d'un petit couteau. Placer une demi-cerise au sirop au centre.

Historier le fruit. Couper un peu le fond afin de le rendre stable. Vider délicatement la pulpe, la couper en morceaux et la mélanger à des quartiers d'oranges pelés à vif. En garnir le pamplemousse. Servir très frais, sur un lit de glace pilée.

Les quartiers, les tranches, les rondelles historiées sont autant d'éléments de décor à utiliser.

Les kiwis

Par sa texture, le kiwi ne se prête pas à toutes les découpes. Il faut donc jouer sur des formes simples et la couleur.

Couper le fruit en tranches verticales ou obliques. Les aligner en les décalant légèrement.

Découper un kiwi en quartiers fins ou épais.

Le tailler en l'historiant. Couper légèrement la base. Placer un demi-bigarreau au centre.

CONSEIL

Le kiwi, par sa couleur, présente un intérêt pour la décoration. Mais il est difficile à travailler dès qu'il ramollit. Il faudra donc bien les choisir et n'utiliser que des kiwis bien fermes.

Les ananas

Eplucher l'ananas.
Couper une tranche au sommet et à la base. Le couper en quartiers dans le sens de la hauteur.

Enlever la partie ligneuse, puis la peau, comme pour les melons.

Couper l'ananas en moitiés ou en quartiers. On peut y présenter de la glace, par exemple.

Couper l'ananas en rondelles, enlever le milieu et la peau.

On peut les présenter entiers, en moitiés ou en quarts, en jouant avec les formes.

Historier l'ananas. Vider la chair sans percer la peau. On peut le garnir de salades ou de fruits rafraîchis.

CONSEIL

Il est important de choisir un ananas bien mûr. On le reconnaît à sa peau d'une belle couleur rousse et à ses feuilles qui se détachent facilement.

Ne pas oublier l'ananas en conserve. Il est toujours cueilli bien mûr, a beaucoup de goût et se prête à de nombreuses décorations.

Les melons

Ils peuvent être servis salés ou sucrés, en accompagnement d'une entrée ou d'un dessert.

En quartiers :

Couper le melon en quartiers réguliers, plus ou moins larges, enlever les pépins à l'aide d'une cuillère. L'utiliser tel quel, ou le couper en morceaux et le reconstituer.

Entiers :

S'ils sont petits, on peut les décalotter, les vider, et y servir une salade.
Un gros melon sera de préférence historié, présenté sur un lit de glace pilée et garni de fraises, framboises, oranges...

CONSEIL

Le melon s'oxyde au contact du fer. N'utiliser que des couteaux avec une lame en inox.
Quelques indices pour reconnaître un melon mûr : il doit être lourd, la peau souple et épaisse, et dégager une bonne odeur.

Les figues

Inciser la peau des figues en partant du centre. La décoller.

Couper la figue en quartiers sans les détacher et l'ouvrir en fleur.

On peut les servir avec du jambon cru.

Les fruits secs et confits

Ils rentrent dans la composition de nombreux plats, souvent pour le goût, mais aussi pour l'aspect et la présentation : rôti de porc aux pruneaux, riz à l'impératrice, cake aux fruits confits.

Les fruits secs peuvent se présenter tels quels, cerneaux de noix, amandes, noisettes, pignons, dattes, mais aussi préalablement gonflés soit dans du thé, de l'alcool ou simplement dans de l'eau chaude.

Les fruits confits décoreront agréablement un gâteau, une tarte, une coupe de glace.

Découper des morceaux de fruits confits, angélique, bigarreau, orange, citron, ananas, en carrés, losanges, ronds ou en forme de fleurs et les disposer régulièrement.

Les fruits déguisés :

On peut utiliser des cerneaux de noix, des dattes ou des pruneaux. Confectionner des billes de pâte d'amandes de couleurs différentes. Les placer entre deux cerneaux ou fourrer les fruits dénoyautés.

CONSEIL

Confire des zestes ou des tranches d'agrumes consiste simplement à les laisser cuire dans un sirop de sucre pendant une dizaine de minutes.

Pour étaler ou travailler la pâte d'amandes sans qu'elle ne colle, saupoudrer le plan de travail de sucre glace.

Les fruits déguisés : *Dénoyauter les fruits sans percer la peau.*

Les garnir de billes ou de tronçons de pâte d'amandes.

Caraméliser des fruits

Grâce à cette technique, on peut obtenir de jolis fruits brillants. Il faut utiliser des fruits de bonne qualité et qui ne soient pas humides, afin que le caramel reste bien dur, le plus longtemps possible. On pourra s'en servir pour décorer des gâteaux, des assiettes de desserts, des coupes glacées.

Tous les fruits conviennent, entiers ou en morceaux, seuls ou enfilés en brochettes sur un bâtonnet. On peut également caraméliser de la pâte d'amandes façonnée ou des fruits déguisés.

La casserole doit être bien propre. Y placer les morceaux de sucre imbibés d'eau. Chauffer doucement.

Ramener la casserole d'avant en arrière. Lorsque le sucre est fondu et que les bords commencent à jaunir, arrêter la cuisson avec 1 cuillerée à soupe de vinaigre.

Tremper alors les fruits piqués au bout d'un bâtonnet dans le caramel. Laisser refroidir. Placer en caissettes.

LES DECORS DE DESSERTS

Le dessert est l'apogée de votre repas. C'est la dernière image qu'emporteront vos convives. Grâce à ces quelques conseils et tours de main, il vous sera facile de transformer un simple biscuit en gâteau digne d'un pâtissier.

Ce sont des techniques de base qui vous sont proposées comme le glaçage, le décor au pochoir ou à la poche à douille. Mais il vous sera possible d'en inventer d'autres en mélangeant ces différentes idées.

N'oubliez pas que le choix des matières premières, chocolat, pâte d'amandes, beurre, est important ici aussi.

La pâte d'amandes

Masquer un gâteau :

Abaisser finement la pâte d'amandes. Couper un cercle régulier de la taille du gâteau, puis une bande de sa hauteur. Bien les mettre en place. Masquer la soudure avec un décor à la glace royale ou à la crème au beurre.

Personnages :

Découper à l'emporte-pièce ou au couteau les silhouettes désirées. Décorer avec un filet de glace royale ou de chocolat.

Cornets :

Découper à l'emporte-pièce des ronds dentelés. Les enrouler sur eux-mêmes en pinçant une des extrémités. Garnir de crème au beurre ou d'un bigarreau.

CONSEIL

Si la pâte d'amandes est trop dure ou trop friable, commencer par la travailler avec un peu de glucose ou un peu d'huile.

Pour l'étaler, puis la décoller sans problème, saupoudrer le plan de travail ainsi que le rouleau à pâtisserie de sucre glace.

La pâte d'amandes est vendue colorée et blanche. Toutefois, pour obtenir des couleurs plus variées, on peut utiliser des colorants alimentaires.

Réalisation d'une rose :

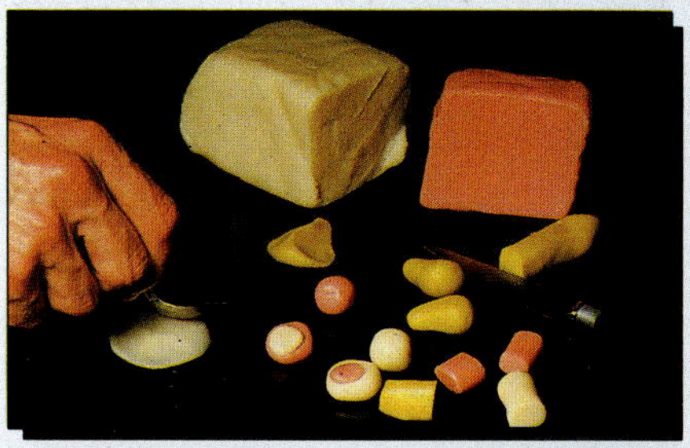

Etirer de petites boules de pâte d'amandes avec le dos huilé d'une cuillère, jusqu'à obtenir un rond, épais à la base et plus fin sur les bords.

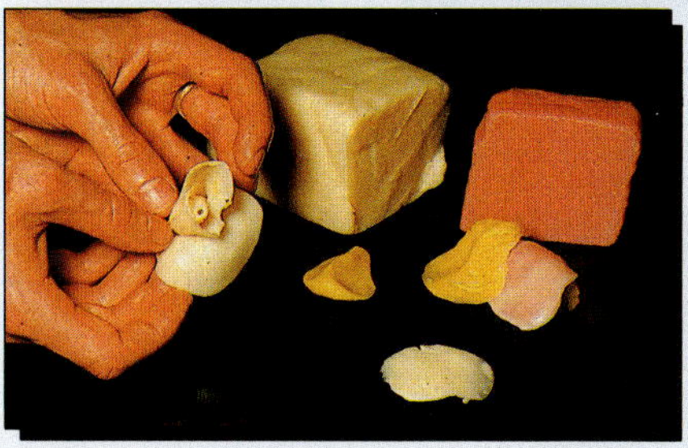

Faire la même chose avec des morceaux en forme d'œufs pour les feuilles. Assembler les pétales. Poser la rose, entourée de deux feuilles.

Décors à la douille

La technique est la même quelque soit la préparation utilisée, crème au beurre, chantilly, meringue, ganache, mais aussi pour les pommes duchesses ou la pâte à choux.

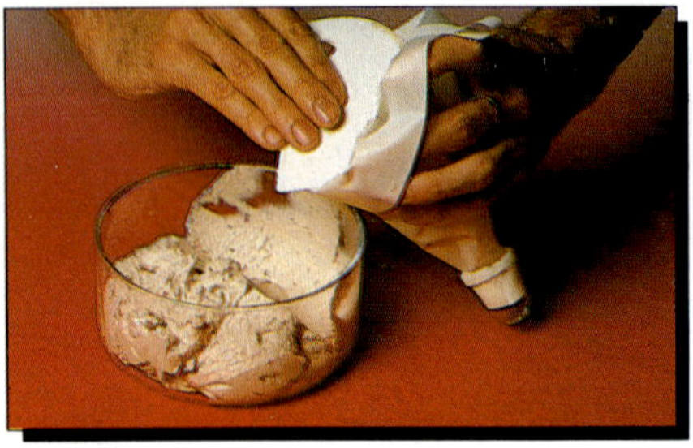

Remplir la poche : *La tenir entre le pouce et l'index écarté, en la repliant légèrement sur elle-même pour obturer le trou.*

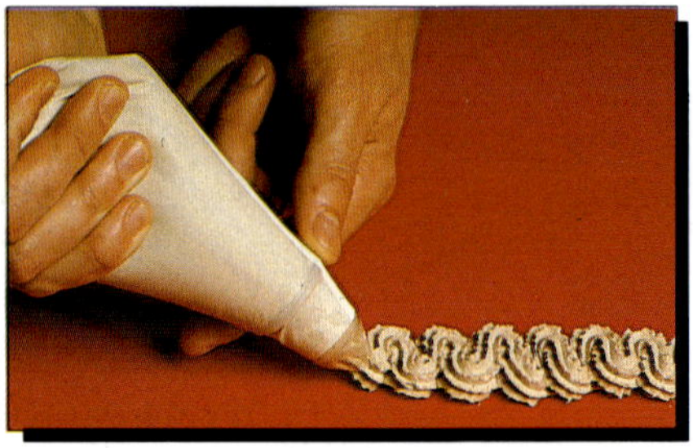

Décorer : *La poche se tient dans le creux de la main qui, en appuyant plus ou moins fort, règle le débit. L'autre main sert à guider.*

Le chocolat

Connu en France depuis l'époque de Louis XIV, c'est un ingrédient important en pâtisserie. On l'utilise sous deux formes : en poudre et en tablettes.

CONSEIL

Le chocolat est composé de cacao et de matière grasse, le beurre de cacao. En le chauffant trop, on risque de séparer les deux, obtenant ainsi un mélange granuleux et amer.

Il convient donc de suivre quelques règles :

- Toujours le ramollir à la température la plus basse possible, il conservera son brillant et son goût.

- Le faire fondre râpé ou cassé en petits morceaux, au bain-marie. Ne pas remuer tant que l'ensemble n'est pas entièrement fondu.

- Si l'on souhaite incorporer du beurre, l'ajouter quand le chocolat est déjà ramolli. Remuer doucement jusqu'à ce que le mélange soit bien lisse.

Comment napper ou glacer un gâteau ?

Au chocolat :

On utilise un chocolat de couverture ou de ménage. Le faire chauffer doucement. Quand il est fondu, lui ajouter soit une cuillerée d'alcool (Grand-Marnier, rhum...), soit une cuillerée de crème. Verser sur le centre du gâteau et l'étaler régulièrement à la spatule. Attention : ne pas conserver le gâteau terminé en dessous de 10°C.

A la ganache :

Faire une crème ganache en faisant fondre le chocolat dans de la crème. Travailler énergiquement à la cuillère en bois. L'utiliser comme le chocolat avant qu'elle ne refroidisse complètement. On peut également s'en servir à la poche à douille.

La décoration

Les vermicelles :

Les utiliser pour masquer les bords du gâteau, préalablement enduits de gelée de pomme ou d'abricot.

Les copeaux :

Ils peuvent s'acheter tout faits dans certaines pâtisseries. On peut également les faire soi-même (voir photos).

Les feuilles d'arbres (voir photo)

Les figurines :

Dessiner à l'aide d'un cornet (voir p. 56) rempli de chocolat fondu les personnages ou les motifs souhaités sur du papier sulfurisé. Mettre au frais. Les décoller délicatement. Décorer le gâteau.

Feuilles en chocolat :

Tremper le côté nervuré de la feuille dans le chocolat fondu. Laisser refroidir. Enlever délicatement la feuille.

Copeaux de chocolat :

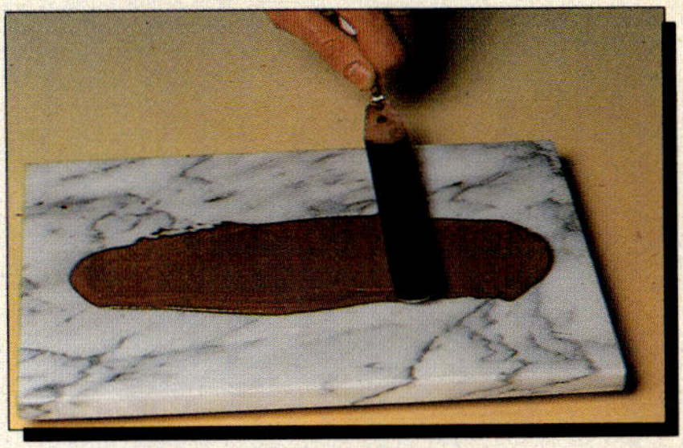

Etaler du chocolat fondu sur une surface lisse et dure. Laisser légèrement refroidir.

Racler la surface avec une lame en l'inclinant à 45°.

Le glaçage

Glaçage au fondant :

Faire fondre le fondant à feu doux dans une casserole avec un peu d'alcool ou d'eau. Ajouter une cuillerée à soupe de chocolat en poudre dilué dans un peu d'eau. Enduire le gâteau de gelée. Etaler rapidement le glaçage à la spatule métallique.

Glace royale :

Mélanger un blanc d'œuf et du sucre glace. Quand le mélange est assez consistant, ajouter au choix, du chocolat en poudre, de l'extrait de café, du jus de citron ou quelques gouttes de colorant alimentaire. Etaler rapidement à la surface du gâteau à l'aide d'une lame humide. On peut également s'en servir pour les dessins au cornet.

Motifs :

Fabriquer un cornet en papier sulfurisé en enroulant un triangle de papier sur lui-même. Le remplir de glace royale, de chocolat fondu ou de fondant. Fermer en pliant. Couper le bout.
Ecriture et motifs : écrire en appuyant avec le pouce.
Pour les dessins des mille-feuilles, après avoir glacé la surface, tracer des lignes parallèles. Avant que le décor ne durcisse, passer légèrement une lame de couteau en coupant les traits une fois dans un sens, une fois dans l'autre.

Confection d'un cornet

Glaçage au fondant : *Répartir le fondant sur le gâteau.*

L'étaler rapidement avec la spatule.

Décor "mille-feuille" : *Dessiner des traits de chocolat sur le glaçage encore mou.*

Passer rapidement une lame de couteau en l'enfonçant légèrement.

Le pochoir

Ce sont des décors faciles à réaliser et donnant d'assez jolis résultats sur de nombreux gâteaux comme les génoises, les biscuits ou même sur certains entremets. On peut passer les gâteaux à la gelée de fruits avant de les décorer.

Les soufflés :

Il ne s'agit ici que des soufflés glacés. Lorsqu'il est pris, le sortir du réfrigérateur, déposer le pochoir et saupoudrer rapidement de sucre glace ou de cacao en poudre. Cette opération doit s'effectuer rapidement.

Les gâteaux :

Déposer le ou les pochoirs sur le gâteau. Saupoudrer copieusement. Les retirer délicatement.
Penser à alterner les couleurs, saupoudrer de sucre glace toute la surface. Poser les pochoirs. Saupoudrer de cacao.

Plier un carré de papier en 2, 4, 8 et 16. Lui donner la taille du gâteau. Y découper les motifs géométriques voulus.

Poser une feuille de papier fort à plat. Dessiner le motif. Le découper. Placer sur le gâteau. Saupoudrer.

CONSEIL

Si vous ne disposez pas de poudreuse à sucre, vous pourez aisément la remplacer par une passoire fine bien sèche, que vous tapoterez légèrement pour saupoudrer.

Les verres

Givrés :

Passer les verres quelques minutes au freezer.
Tremper le haut de chaque verre dans un peu de jus de citron, puis dans du sucre en poudre. On peut colorer cette décoration en remplaçant le jus de citron par du sirop. On peut également remplacer le sucre par de la noix de coco en poudre dans le cas de cocktails à base de rhum ou de fruits exotiques.

Les glaçons :

Disposer de petits fruits (fraises, myrtilles, groseilles) dans les cubes à glaçons. Couvrir d'eau et mettre au freezer.

Les fruits et les légumes :

Ils peuvent aussi décorer les verres, tranches ou demi-tranches de citrons, d'oranges, morceaux d'ananas piqués sur un bâtonnet, zeste d'agrumes, olives, têtes de chou-fleur, tiges de fenouil, rondelles de tomate, concombre ou carotte. Les combinaisons sont infinies. Il ne faut pas oublier que les décors doivent être en accord avec la boisson servie.

TABLE DES MATIERES

Pages

BEURRE 6

CANAPES 11

DECORS DE DESSERTS 48

Chocolat 53
Décors à la douille 52
Glaçage 56
Pâte d'amandes 50
Pochoir 58
Verres 60

FEUILLETAGES 10

FRUITS 32

Ananas 40
Caraméliser des fruits 46
Citrons 34
Figues 42
Fruits secs et confits 44
Kiwis 39
Melons 42
Oranges 36
Pamplemousses 38

LEGUMES 12
Carottes 14
Champignons 16
Concombres 24
Cornichons 26
Fines herbes 19
Oignons 18
Poireaux 23
Pommes de terre 27
Radis 15
Taille des légumes 30
Tomates 20

OEUFS 8

GLOSSAIRE 4
QUELQUES USTENSILES 5

Dépôt légal 4e trim. 1988 - Imp. n° 1 571

Imprimé en C.E.E.